"十三五"国家重点出版物出版规划项目·重大出版工程规划

中国工程院重大咨询项目成果文库

推动能源生产和消费革命战略研究系列丛书

（第二辑）

丛书主编　谢克昌

中国农村能源革命与
分布式低碳能源发展战略研究

杜祥琬　刘晓龙　黄群星 等　著

科　学　出　版　社

北　京

内 容 简 介

本书是中国工程院重大咨询项目"推动能源生产和消费革命战略研究"（二期）下设的第一课题"中国农村能源革命与分布式低碳能源发展"的研究成果。本书系统梳理了我国农村能源发展的现状和问题；归纳了发达国家和地区农村能源革命的经验与做法及对我国的启示；提出了我国农村能源革命的三大对象、革命的方向及战略方针；科学规划了我国农村能源革命的发展路径，同时提出了各阶段战略目标，并给出了相关政策建议。本书还对河南省农村能源发展进行了案例剖析。

本书可供从事农村能源革命管理的各级政府部门工作者、关心农村能源革命的科研工作者，以及相关专业的研究生和本科生参考使用，也适合大中型图书馆收藏。

图书在版编目（CIP）数据

中国农村能源革命与分布式低碳能源发展战略研究 / 杜祥琬等著. —北京：科学出版社，2019.2

（推动能源生产和消费革命战略研究系列丛书 / 谢克昌主编. 第二辑）

"十三五"国家重点出版物出版规划项目·重大出版工程规划

中国工程院重大咨询项目成果文库

ISBN 978-7-03-060409-5

Ⅰ.①中… Ⅱ.①杜… Ⅲ.①农村能源-能源发展-研究-中国 Ⅳ.①F323.214

中国版本图书馆 CIP 数据核字（2019）第 008927 号

责任编辑：李 莉 / 责任校对：蒋 萍
责任印制：徐晓晨 / 封面设计：正典设计

科 学 出 版 社 出版
北京东黄城根北街 16 号
邮政编码：100717
http://www.sciencep.com

北京虎彩文化传播有限公司 印刷
科学出版社发行　各地新华书店经销

*

2019 年 2 月第 一 版　开本：720×1000　1/16
2020 年 1 月第二次印刷　印张：10 3/4
字数：192 000

定价：128.00 元
（如有印装质量问题，我社负责调换）

推动能源生产和消费革命战略研究系列丛书
（第二辑）
编委会成员名单

项目顾问

徐匡迪	中国工程院	第十届全国政协副主席、中国工程院主席团名誉主席、原院长、院士
周 济	中国工程院	中国工程院主席团名誉主席、原院长、院士

项目负责人

谢克昌	中国工程院	原副院长、院士
彭苏萍	中国工程院	院士

课题负责人

第 1 课题	中国农村能源革命与分布式低碳能源发展	杜祥琬
第 2 课题	农村能源技术领域的若干重大问题分析	倪维斗
第 3 课题	农村能源供给绿色化及用能清洁化与便利化	陈 勇
第 4 课题	西部地区油气发展战略研究	赵文智
第 5 课题	西部煤炭资源清洁高效利用发展战略研究	彭苏萍
第 6 课题	西部清洁能源发展战略	黄其励、倪维斗
第 7 课题	"一带一路"能源合作与西部能源大通道建设	黄维和
第 8 课题	中国农村、西部与"一带一路"能源生产与消费知识系统建设	谢克昌
综合课题	农村能源革命和西部能源发展战略思路与举措	谢克昌

中国农村能源革命与分布式低碳能源发展战略研究
编委会成员名单

杜祥琬	中国工程院	原副院长、院士，课题组长
严建华	浙江大学	副校长、教授
倪明江	浙江大学	原常务副校长、教授
任文杰	河南省发展和改革委员会	原副巡视员
雷廷宙	河南省科学院	副院长、研究员
王久臣	中国农村能源行业协会	常务副会长兼秘书长
高　虎	国家发展和改革委员会能源研究所	研究员
韩洪云	浙江大学	教授
赵立欣	农业农村部规划设计研究院	副院长、研究员
李景明	农业农村部农业生态与资源保护总站	处长、研究员
呼和涛力	常州大学	研究员
黄群星	浙江大学	教授
王志伟	河南省科学院	研究员
王正元	中国农村能源行业协会	副会长兼常务副秘书长
姚宗路	农业农村部规划设计研究院	副所长、研究员
丛宏斌	农业农村部规划设计研究院	高级工程师
刘晓龙	中国工程院战略咨询中心	副处长，执笔组组长
葛　琴	中国工程院战略咨询中心	工程师
姜玲玲	中国工程院战略咨询中心	工程师
江　媛	中国工程院战略咨询中心	高级经济师
崔磊磊	中国工程物理研究院	工程师
刘　坚	国家发展和改革委员会能源研究所	助理研究员
雷岩鹏	国家发展和改革委员会能源研究所	助理研究员
窦克军	国家可再生能源中心	高工
李学琴	河南省科学院	助理研究员
陈高峰	河南省科学院	助理研究员
肖明松	中国农村能源行业协会生物质能转换技术专业委员会	秘书长

张晓黎	中国农村能源行业协会太阳能热利用专业委员会	主任、研究员
贾铁鹰	中国农村能源行业协会太阳能热利用专业委员会	秘书长
郝方洲	中国农村能源行业协会节能炉具专业委员会	主任、研究员
贾振航	中国农村能源行业协会节能炉具专业委员会	秘书长、研究员
李安定	中国农村能源行业协会分布式电源专业委员会	主任、研究员
俞妙根	中国农村能源行业协会分布式电源专业委员会	秘书长
陈晓夫	农村能源行业标准化技术委员会	秘书长
胡斌航	浙江大学	博士研究生
吴 枢	浙江大学	博士研究生
胡 帮	浙江大学	硕士研究生

课题报告执笔组

刘晓龙	中国工程院战略咨询中心	副处长，执笔组组长
黄群星	浙江大学	教授，执笔组副组长
高 虎	国家发展和改革委员会能源研究所	研究员
呼和涛力	常州大学	研究员
王志伟	河南省科学院	研究员
丛宏斌	农业农村部规划设计研究院	高级工程师
刘 坚	国家发展和改革委员会能源研究所	助理研究员
葛 琴	中国工程院战略咨询中心	工程师
姜玲玲	中国工程院战略咨询中心	工程师
江 媛	中国工程院战略咨询中心	高级经济师
李学琴	河南省科学院	助理研究员
陈高峰	河南省科学院	助理研究员
胡斌航	浙江大学	博士研究生
吴 枢	浙江大学	博士研究生
胡 帮	浙江大学	硕士研究生

课题办公室

刘晓龙	中国工程院战略咨询中心	副处长
葛 琴	中国工程院战略咨询中心	工程师
姜玲玲	中国工程院战略咨询中心	工程师
崔磊磊	中国工程物理研究院	工程师

序　一

　　能源是国家经济社会发展的重要基础，事关我国现代化建设的全局。2014 年以来习近平总书记关于推动能源生产与消费革命的一系列指示和要求，为我国能源发展指明了方向。农村是我国全面建成小康社会任务最艰巨最繁重的地区，农村能源革命直接关系全国能源生产与消费革命的成败，西部地区在我国经济社会发展和能源生产与消费方面处于特殊地位，本身也面临不少突出的矛盾和问题，推动西部地区和农村地区的能源生产与消费革命具有重要意义。

　　为积极推进我国农村和西部地区能源生产与消费革命，中国工程院在2013 年启动、2015 年完成"推动能源生产和消费革命战略研究"（一期）重大咨询项目后，及时将农村能源革命与西部能源发展作为第二期重大项目开展后续研究。研究工作紧紧立足我国农村地区和西部地区的发展实际，全面贯彻近几年来关于农村发展、区域发展、"一带一路"能源合作等一系列最新政策，充分利用先期取得的成果和结论，围绕农村和西部地区能源生产与消费革命，认真分析突出的矛盾和问题，从多个方面开展针对性研究，努力化解特殊矛盾，解决各种具体问题，基本形成农村地区和西部地区推进能源生产与消费革命的总体思路，提出一系列重大举措。本丛书是第二期项目研究的最终成果，对指导农村地区和西部地区能源生产与消费革命具有积极意义，可供有关领导和部门参考。

　　参与第二期项目的各位院士和专家，有不少参与过第一期项目，也有许多是第二期项目研究过程中才加入的，大家高度负责、发挥优势、精诚协作，为完成项目研究任务做出了积极的贡献。

　　推动能源生产与消费革命任重道远。党的十九大明确开启全面建设社会主义现代化国家新征程，提出我国经济已由高速增长阶段转向高质量发展阶段，这为推动能源生产与消费革命提出了新的要求。中国工程院作为国家高端智库，将在第一期和第二期研究工作的基础上，进一步结合新的形势和要求继续开展相关研究，力争为党中央和政府部门进行科学决策提供强有力的支撑。

徐匡迪

2018 年 11 月 17 日

序 二

能源是经济社会发展的动力来源，更是人类社会赖以生存的物质基础。当今世界，自 18 世纪西方的工业革命以来，化石能源一直是人类的主体能源。化石能源的大量使用，带来生态、环境和气候等领域的一系列问题，主动应对挑战，加快能源转型，实现清洁低碳发展已成为世界范围内的自觉行为和基本共识。面对由页岩油气引发的能源供需格局新变化、国际能源发展新趋势，我国必须加快推进能源生产和消费革命，保障国家能源安全。

新时代提出新要求，实施"一带一路"建设、京津冀协同发展战略、长江经济带发展战略，推进新型城镇化，实施乡村振兴战略，建设美丽中国、美丽乡村，为推进能源革命构筑广阔舞台。其中，能源合作是"一带一路"建设的重要支点，而西部地区又是我国能源国际合作的重要战略通道承载地和桥头堡。在确保经济有效和安全的能源转型过程中，不仅在国家之间，而且在富裕和贫困地区之间都应坚持公平和可持续发展的原则，我国要"全面建成小康社会最艰巨最繁重的任务在农村，特别是在贫困地区"[①]。而农村能源作为我国能源的重要组成部分，是实现农村全面小康的物质基础，推进农村能源革命，实现能源供应清洁化、便利化是建设美丽乡村的必然要求，农村能源革命的成败也直接关系到全国能源革命的成败。

为更好地服务"一带一路"建设和推进能源革命战略，必须结合我国能源开发利用总体战略布局，立足我国西部能源资源丰富、种类齐全但开发利用不合理、环境脆弱、经济落后，特别是农村能源结构不合理、消费不科学、人均用量少的实际，以习近平总书记对能源生产和消费革命的系统阐述为基本遵循，以推动农村能源革命和加速西部能源科学开发利用为重点，开展战略咨询研究，这既是破除城乡二元体制全面加速我国城镇化建设的必然要

[①] http://sc.people.com.cn/n2/2016/0118/c365889-27568771.html。

求，也是全面建成小康社会的战略需求。

作为中国工程科学技术界的最高荣誉性、咨询性学术机构，中国工程院为及时通过战略研究支撑国家科学决策，于 2013 年 5 月启动了由谢克昌院士负责的"推动能源生产和消费革命战略研究"重大咨询项目系列研究。一期研究提出能源革命的战略思路、目标重点、技术路线图和政策建议。基于一期研究中发现的能源革命深层次问题，项目组认为要加强"一带一路"能源合作和农村能源革命的研究。因此，中国工程院于 2015 年 10 月又启动了"推动能源生产和消费革命战略研究"项目的二期工作。二期项目由中国工程院徐匡迪主席和时任院长周济院士担任顾问，下设九个课题，分别由能源领域相关专业的院士担任课题组长。来自科研院所、高等院校和大型能源企业共计 300 多名专家、学者参与研究及相关工作，其中院士 36 位。项目组力求通过该项目的研究，以"农村能源革命与西部能源发展"为研究重点，紧紧把握能源生产和消费革命及"一带一路"倡议的重要战略机遇，结合我国能源开发利用总体战略布局，进一步完善国家农村及西部能源战略，为中长期国家西部及农村能源发展规划提供切实可行的政策建议。项目研究按照"服务决策、适度超前"的原则，坚持咨询研究的战略性、时效性、可行性、独立性，历时两年半，经过广泛的专家讨论、现场调研、深入分析、成果交流和征求意见，最终形成一份项目综合报告和七份课题报告并出版成册。

《农村能源革命与西部能源发展战略研究（综合卷）》由中国工程院谢克昌院士领衔，在对八个课题报告进行深入总结、集中凝练和系统提高的基础上，提出新形势下要按照"供需协调、洁煤治霾，扬电引气、优化结构，创新驱动、多能互补，服务支撑、绿色高效，市场运作、政策保障"的总体原则进行农村能源革命。通过控制散煤利用推进农村煤炭消费方式变革、创新发展模式推进农村可再生能源开发利用、构建能源网络推进农村能源向清洁电力和燃气发展、强化节能环保推进农村能源综合服务体系建设，实现我国农村能源革命战略目标：2020 年，基本建成适应农村全面小康社会需要的清洁、便利、安全、有效的能源供需体系；2035 年，初步建成清洁、低碳、安全、高效的新型农村能源体系；2050 年，建成城乡一体化、城乡平等的清洁、低碳、安全、高效的能源体系，实现能源强国的目标。关于我国西部能源和"一带一路"能源合作要遵循"生态优先、清洁高效、科学有序、常非并重、互利共赢"的原则，提出"三步走"发展战略目标，最终实现煤炭清洁高效可持续开发利用、石油稳定发展、天然气倍增发展、清洁能源科学有序发展，将西部地区建成我国重要的煤炭、清洁能源、油气能源基地，同时，西部能源大通道要成为我国东、西部地区能源供需和"一带一路"能源合作的重要纽带，助力西部地区成为我国能源安全的重要保障。

《中国农村能源革命与分布式低碳能源发展战略研究》由杜祥琬院士牵头，主要总结发达国家农村能源发展的经验和教训，深度调研我国农村能源利用的现状、存在的问题，研究我国农村能源发展的方向、分布式低碳能源发展前景等。紧密结合我国新型城镇化和农业现代化建设的要求，提出我国农村能源革命和建设分布式低碳能源网络的政策、措施和建议。

《农村能源技术领域的若干重大问题分析》由倪维斗院士牵头，主要调查我国农村能源技术发展现状、潜力，分析农村能源革命的关键技术及产业化、规模化应用的技术路线图，提出我国农村能源发展应以可持续发展为理念。以解决"三农"问题和实现城乡一体化发展为导向，实施"农村低碳能源替代工程"。尽快全面深化政策、金融等方面的体制、机制改革，从建筑节能、生物质能源利用和多能协同利用等多个方面着手，力争早日构建因地制宜、多能互补的创新型农村能源技术体系。

《农村能源供给绿色化及用能清洁化与便利化》由陈勇院士牵头，结合我国新农村建设和新型城镇化发展，分析我国农村能源供给侧发展现状和终端用能消费现状，预测未来供给能力和消费需求，分析供给绿色化的可行性，明确农村能源未来的发展方向和目标，并提出进一步深入讨论其经济效益、管理模式、关键技术及产业化，为我国农村能源供给利用方法提供宏观决策建议。

《西部油气发展战略研究》由赵文智院士牵头，主要分析我国西部油气资源储量和开发利用现状，从西部地区剩余油气资源潜力与重点勘探方向、西部地区油气开发利用趋势与技术创新支撑体系、新疆成为国家大型油气生产加工与储备基地的可行性、西部地区油气发展战略与路线图四个方面全面分析西部地区油气资源潜力、勘探发现规律与储量增长趋势、开发利用前景。论证西部（新疆）建设国家大型油气基地以及新疆成为国家大型油气生产加工与储备基地的可行性，提出我国西部能源油气资源发展战略及其相应政策建议。

《西部煤炭资源清洁高效利用发展战略研究》由彭苏萍院士牵头，主要研究我国西部内蒙古、陕西、甘肃、宁夏、新疆五省区煤炭清洁高效利用的战略问题，调查我国西部煤炭资源储量和开发利用现状，论证西部（新疆）建设国家煤炭-煤电-煤化工基地的可行性。总结提出西部煤炭资源清洁高效利用的战略思路和发展目标、重点任务与实施路径及措施建议。

《西部清洁能源发展战略研究》由黄其励院士和倪维斗院士牵头，主要研究新疆、青海、西藏、内蒙古和云南等西部地区的风能、太阳能（光伏、光热）、水能、地热能、生物质能等清洁能源储量和开发利用现状。在全面建成小康社会和推进"一带一路"建设背景下，分析国家对西部能源基地的战略需求，总结提出西部清洁能源发展的战略思路和关键技术需求。同时，分析未来10年将新疆、青海、甘肃等地建设成为国家重要风能和太阳能发电基地，将西藏、四川和云南等地建设成为国家重要水能发电能源基地，以及将西部地区建设成分布式利用清洁能源示范地区的可行性。

《"一带一路"能源合作与西部能源大通道建设战略研究》由黄维和院士牵头，主要研究"一带一路"能源合作基础、风险和存在的问题，提出"一带一路"未来能源合作战略；研判我国东、西部能源未来供需规模和流向，以及我国未来西部到东部能源流向总体规模。结合西部能源通道现状和存在问题分析我国油气、煤炭和电力等能源不同运输方式的经济性，首次提出我国西部综合能源大通道构建战略旨在实现"横向多能互补，纵向优化配置"的能源互联网架构。最后提出我国未来"一带一路"能源合作与西部能源大通道构建的政策建议。

"推动能源生产和消费革命战略研究系列丛书（第二辑）"是我国能源领域广大院士和专家集体智慧的结晶。一些重要研究成果已经及时上报中央和国家有关部门，并在能源规划政策中被采纳。作为项目负责人，值此丛书出版之际，对参加研究的各位院士和专家的辛勤付出深表谢意！需要说明的是，推动能源生产和消费革命是一项长期战略，目前项目组新老成员已在第一期和第二期研究成果的基础上启动第三期项目研究。希望项目研究团队继续努力，再接再厉，乘胜而为，在"推动能源生产和消费革命战略研究"（三期）中取得新业绩，以科学的咨询支撑国家能源发展的科学决策，助力我国能源经济社会的可持续发展。

中国工程院

"推动能源生产和消费革命战略研究"

系列重大咨询项目负责人

2018 年 11 月

前　言

农村能源是我国能源体系的重要组成部分，是建设美丽乡村的重要物质基础。2016 年我国农村能源消费量为 6.5 亿吨标准煤，占全国能源消费总量的 15%左右。但目前我国农村能源存在缺乏顶层设计规划、整体用能水平落后、基础设施薄弱、环境污染严重等一系列问题，急需积极推进农村能源革命。推进农村能源生产与消费革命，是优化农村用能结构、提高农村用能效率、保护农村生态环境、完善农村基础设施的重要手段，也是实施大气污染联防联控、加快发展新能源和可再生能源、推进能源服务城乡一体化的重要途径，是关系全国 6 亿多农村人口民生福祉的重大战略问题，农村能源革命成功与否直接关系到全国能源革命的成败。深入研究适应我国国情的农村能源革命路径，提出构建农村分布式低碳能源网络的模式，防范农村能源进一步高碳化的风险，增加农村地区的可再生能源供应比例，对推进新农村和美丽乡村建设、提升农村生态文明层次、实施乡村振兴战略、全面建设小康社会具有重要意义。

中国工程院于 2016 年初启动了"推动能源生产和消费革命战略研究"（二期）重大咨询项目，由第十届全国政协副主席徐匡迪院士、中国工程院前院长周济任顾问，中国工程院原副院长谢克昌院士任组长。项目下设的"中国农村能源革命与分布式低碳能源发展"课题由杜祥琬院士任组长，十多位院士、近百位专家参与研究。经过两年的深入研究和广泛调研，课题组取得了一系列重要成果，撰写完成了一份课题研究报告和一份院士建议，为国家推动农村及西部能源生产和消费革命重大战略决策提供了理论支撑。

本书首先，系统梳理了我国农村能源发展的现状和问题，并对比分析了美国、欧盟、日本及中国台湾等发达国家和地区的农村能源战略、产业、技术、模式和政策等方面的经验与教训，总结了对我国农村能源发展的启示与借鉴，认为一是要重视顶层设计、加强部门合作；二是要引领能效变革，带动农村能源形态升级；三是要多能互补，多方共促；四是用能多样化，提高服务水准；五是不断创新，保障可持续发展。发达国家和地区的农村能源发展有很多地方值得我们借鉴思考，但考虑到我国国情和发展阶段的不同，不能简单地照搬照抄，而应该走具有中国特色的农村能源革命发展道路。

其次，提出我国农村能源革命的三大对象为散烧煤、原始形态的生物质和固体废弃物，并针对这三大革命对象，结合我国农村不同地区的气候条件、区域资源禀赋、经济发展水平及能源消费现状等区域特征，从因地制宜建设分布式低碳能源网络，特别是分布式可再生能源与储能技术、加大天然气使用比例及改造提升农村电网建设水平等方面提出了农村能源革命的方向，并进行了效益分析。总体来看，建设农村分布式低碳能源网络在经济效益方面较弱，但在环境效益和社会效益方面具备明显优势，因此综合效益显著。

再次，提出了中国农村能源革命的战略方针：战略引领，生态优先，因地制宜，多能互补，模式创新，全民参与。并科学规划了我国农村能源革命的发展路径，同时提出了各阶段战略目标。2018~2020 年是示范建设期，以建立农村分布式低碳能源网络示范基地为重点，散烧煤替代率将达到 75%，秸秆综合利用率达 85%以上，农村固体废弃物对人居生态环境的不利影响和潜在风险得到有效控制；2021~2035 年是全面建设期，根据十九大提出的 2035 年国家发展目标，将全面推广农村分布式低碳能源网络，全面建设具有区域特点的农村能源开发利用模式，散烧煤替代率将达到95%，秸秆综合利用率到达 95%以上，农村能源利用水平、效率和区域环境得到根本改善；2036~2050 年是可持续发展期，农村全面建成绿色、清洁、低碳的现代能源体系，保障实现农村现代化，散烧煤全面禁止，秸秆综合利用率、农村固体废弃物资源化利用率均达 100%，农村区域环境全面提升。

最后，对河南省农村能源发展进行了案例剖析，给出了兰考县和永城市的农村能源革命方案，并针对我国农村能源革命提出了政策建议：一是要将农村能源发展纳入国家生态文明体系建设及能源生产和消费革命战略框架，作为乡村振兴战略的有机组成部分，完善指导农村能源发展的顶层组织管理和协调体系建设，加强对农村能源建设的战略规划指导；二是要建立城乡一体化能源供应体系，积极培育农村能源市场，创造农村能源创新应用平台，加快推动农村能源新技术试点示范，建立持续性的农村能源建设资金投入和财税价格体系；三是要加强农村能源的宣传教育，以农民为中心，调动农民广泛参与，加大农村地区人才培养力度，建设高素质从业人员队伍。

目　　录

第1章　中国农村能源现状和问题

　　农村能源是我国能源体系的重要组成部分，是建设美丽乡村的重要物质基础。推进农村能源生产与消费革命，是优化农村用能结构、提高农村用能效率、保护农村生态环境、完善农村基础设施的重要手段，也是实施大气污染联防联控、加快发展新能源和可再生能源、推进能源服务城乡一体化的重要途径，是关系全国6亿多农村人口民生福祉的重大战略问题[1, 2]。

　　狭义的农村能源是指农村应用的能源；广义的农村能源是指农村的能源问题，是对农村范围内的各种能源以及从开发（或输入）至最终消费过程中的生产、消费、技术、经济及管理问题的总称[3]。这里的农村是指以从事农业生产为主的劳动者聚居的地方。相对于城市，主要包括集镇、村落及以农业产业（自然经济和第一产业）为主的各种农场（包括畜牧和水产养殖场）、林场（林业生产区）、园艺和蔬菜生产基地等[4]。

　　由于在农村既有能源消费（主要包括农业生产、乡镇企业和农村家庭能源消费），也有能源（主要是当地的可再生能源）的开发，因此，农村能源既包括外界输入的商品能源，也包括当地的可再生能源。本书涉及的农村能源是指广义的农村能源，并以农村生活用能研究为重点[5]。

　　农村能源供需体系包括农村能源的消费（需求）和生产（供给）两个方面，其基本框架如图1-1所示。农村能源消费主要包括生活用能与生产用能两个方面，其中，生活用能包括炊事用能、取暖用能、照明用能、热水用能等，生产用能包括种植业用能、养殖业用能及农产品产地初加工用能等。农村能源供给既包括农村外部的商品性能源输入，又包括农村内部的能源开发。农村内部的能源开发既包括各种新能源或可再生能源的开发，如燃料乙醇、生物柴油、成型燃料等新型生物质能和水能、风能、太阳能、地热能等可再生能源的开发，也包括薪柴、秸秆直燃等传统生物质能的开发。农村内部能源也有商品能源和非商品能源之别，甚至同一种能源也可能既作为商品能源存在，也作为非商品能源存在，如沼气、太阳能等[6]。

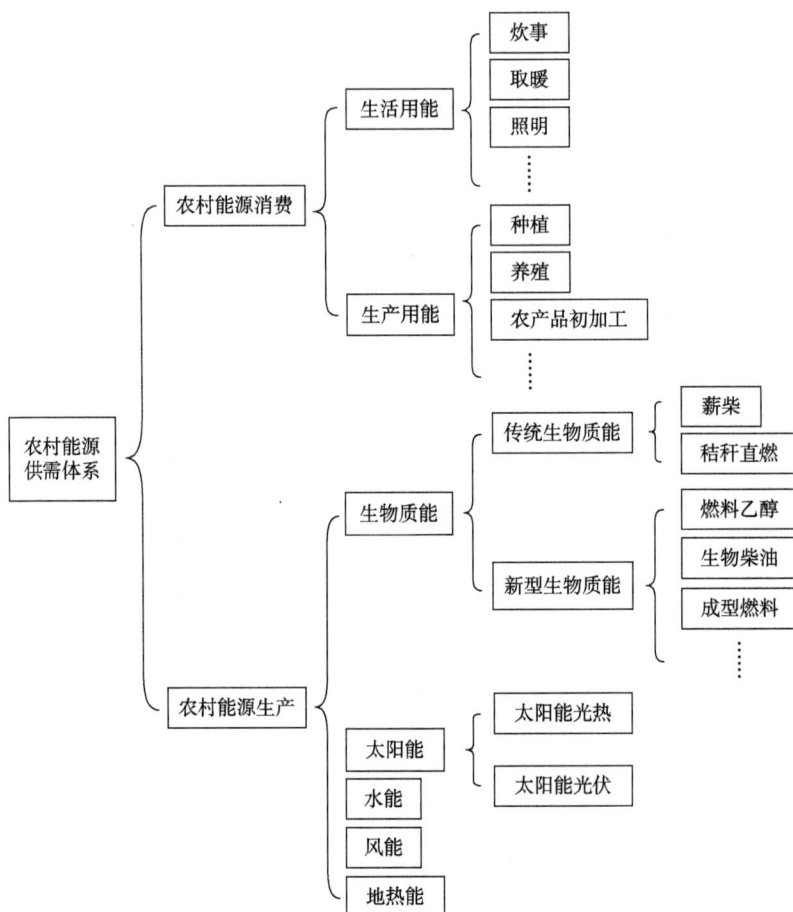

图 1-1　农村能源消费与能源生产分类

1.1　农村能源发展现状

1.1.1　农村能源的供需现状

1. 消费现状

2016 年，我国农村能源消费量为 6.5 亿吨标准煤，占全国能源消费总量（43.6 亿吨标准煤）的 15%，其中，农村生活用能为 3.5 亿吨标准煤，占农村能源消费量的 54%；农村生产用能为 3.0 亿吨，占农村能源消费量的 46%。

全国农村生活用能消费结构如图 1-2 所示，商品能源消费量约为 2.2 亿吨标准煤，占农村生活用能的 62.74%，非商品能源消费总量约为 1.3 亿吨标准煤，占 37.26%。商品能源消费中煤炭消费量折合 12 988.5 万吨标准煤，占农村生活用能消费量的 36.90%；电力消费量 1 295.4 亿千瓦时，折合 4 119.5 万吨标准煤，占 11.70%；成品油消费量折合 2 578.5 万吨标准煤，占 7.33%；液化石油气消费量折合 2 102.3 万吨标准煤，占 5.97%；天然气消费量折合 281.3 万吨标准煤，占 0.80%；煤气消费量折合 14.9 万吨标准煤，占 0.04%。非商品能源消费中秸秆消费量折合 4 126 万吨标准煤，占农村生活用能消费量的 11.72%；薪柴消费量折合 6 842.2 万吨标准煤，占 19.44%；沼气消费量折合 1 034.3 万吨标准煤，占 2.94%；太阳能利用量折合 1 111.8 万吨标准煤，占 3.16%。需要说明的是，随着我国沼气转型升级和大中型沼气工程的建设，沼气逐步在农村演变为一种商品能源。

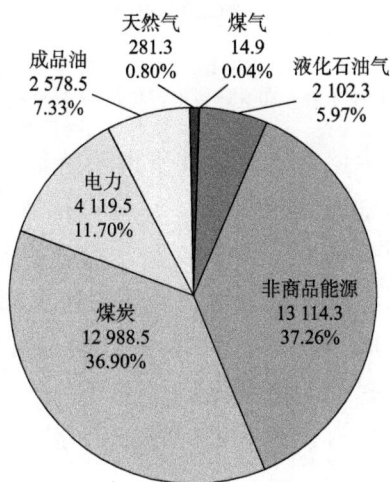

图 1-2　全国农村生活用能消费结构
数据来源于农业部统计数据，单位：万吨标准煤

全国农村生产用能消费结构如图 1-3 所示，2016 年，农村生产用能中商品能源消费总量为 2.7 亿吨标准煤，占农村生产用能消费量的 91.17%，非商品能源消费总量约为 0.3 亿吨标准煤，占农村生产用能消费量的 8.83%。商品能源消费中煤炭消费量折合 13 974.4 万吨标准煤，占农村生产用能消费量的 46.63%；焦炭消费量折合 1 381.5 万吨标准煤，占 4.61%；成品油消费量

折合 7 233.2 万吨标准煤，占 24.13%；电力消费量 1 488.7 亿千瓦时，折合 4 734.2 万吨标准煤，占 15.80%。非商品能源消费中秸秆消费量折合 775.3 万吨标准煤，占农村生产用能消费量的 2.59%；薪柴消费量折合 1 872.3 万吨标准煤，占 6.24%。

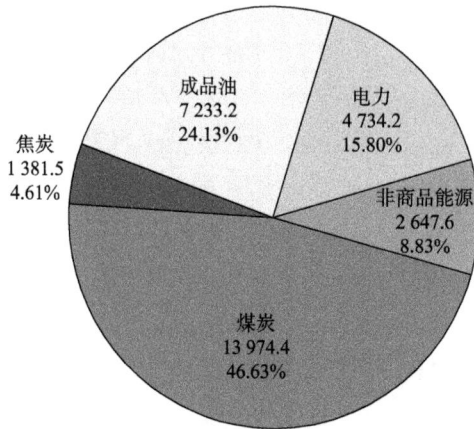

图 1-3　全国农村生产用能消费结构
数据来源于农业部统计数据，单位：万吨标准煤

总体而言，农村能源消费表现出如下鲜明特征：

（1）农村能源消费总量稳中有降，部分农村地区能源供给不足。农村能源消费在全部能源消费中所占比重较低，相对于全国能源消费总量缓慢增长的趋势，农村能源消费占能源消费总量的比重却稳中有降，2016 年我国农村能源消费量比 2014 年下降 14%。一方面是随着城镇化率不断提高，农村人口逐渐减少，农村能源消费量有所下降；另一方面是由于农村能源供给不足，部分地区的农村能源贫困问题依然存在，农村能源的消费需求难以得到有效满足[7]。

（2）农村生活用能中非商品能源消费比例依然很大，其中大部分是薪柴和秸秆。农村能源的商品化程度明显低于城市，农村能源消费的商品能源仅占全部农村生活用能消费的 62.74%，而城市消费能源基本上属于商品能源。在农村生活用能中，占比较大的依次是煤炭、薪柴、秸秆和电力等，其中薪柴、秸秆等非商品能源占比高达 37.26%。我国林木砍伐剩余物多被农户用来做饭和取暖，用能方式较为原始。原始形态的生物质资源利用水平低，未能规模化处理。田间地头随意焚烧秸秆也是屡禁不止，不仅浪费了宝贵的生物质资源，还严重污染了大气。

（3）煤炭消费比例较大，生活用能中散烧煤消费问题突出。我国农村能源消费中无论是生产用能还是生活用能，煤炭都占据了主导地位，尤其是生活用能中散烧煤消费问题突出。2016 年我国散煤消费量在 7.5 亿吨左右[8]，其中，农村采暖用煤约 2 亿吨，约占散煤总量的 27%。相对于集中燃烧，散煤通常是灰分、硫分含量高的劣质煤，燃烧后往往缺少脱硫、脱销、除尘处理，具有点多面广、直燃直排、难以监管的特点，是我国能源利用中最低效且污染最严重的部分。有关研究表明，散烧煤利用产生的污染是等量电煤利用产生的污染的 5~10 倍，对 PM2.5 贡献量大，在北方供暖季节到来时，表现尤为显著，散煤治理成为治污降霾的重点工作之一。

（4）电力、天然气和可再生能源消费比例低下，用能品质低。农村电力基础设施还不够完善，部分乡镇变电站的负荷较小、线路老旧等问题使得农村地区供电服务质量低下，电气化程度还不够高。另外，天然气的供应管网尚未普及到绝大多数农村地区，使得农村能源消费中天然气占比过低，还不足 1%。同时，我国农村地区可再生能源消费基本依赖本地小型光伏、小型风电等方式供应，装机规模都比较小，使得农村地区可再生能源消费占比较低。总体而言，当前农村能源消费结构不合理，散煤燃烧、生物质原始利用问题突出，农村能源优质化程度明显低于城市。

2. 生产现状

当前，我国农村能源生产主要包括生物质能（如生物质直燃、沼气、生物质成型、生物质燃料乙醇及生物柴油等）、小型电源（如离网型太阳能光伏发电、离网型风力发电、微水电）、太阳能热利用（如太阳能热水器、热泵、采暖、制冷空调、太阳房、太阳灶等）。

近年来，以沼气、太阳能、生物质发电、生物质成型为代表的农村能源产业依然保持强劲的发展势头，新产品不断涌现，产品质量不断提升，综合效益突出，在农业、农村经济和农民生活中发挥了重要作用。太阳能热利用产业继续保持稳步发展；沼气产业逐步进入新的发展阶段，生物质发电和成型产业技术有较大的进步；"三小电"（离网光伏发电、小风电、微水电）产业方兴未艾；节能建筑、节能炉具等节能技术大力推进[9~11]。

1）生物质能

生物质直燃发电。截至 2016 年底，全国已投产生物质发电项目共计

665 个，并网装机容量 1 224.8 万千瓦，年发电量 634.1 亿千瓦时，年上网电量 542.8 亿千瓦时。较 2015 年新增 66 个项目，新增并网装机容量 104.9 万千瓦。其中，农林生物质发电项目 254 个，并网装机容量 646.3 万千瓦，年发电量 326.7 亿千瓦时，年上网电量 298.5 亿千瓦时，年利用小时数 5 719 小时，较 2015 年新增 23 个项目，新增并网装机容量 59.5 万千瓦。垃圾焚烧发电项目 273 个，并网装机容量 548.8 万千瓦，年发电量 292.8 亿千瓦时，年上网电量 236.2 亿千瓦时，年利用小时数 5 862 小时，年处理垃圾量 10 456 万吨，较 2015 年新增 25 个项目，新增并网装机容量 44 万千瓦，新增垃圾处理能力 3.8 万吨/日。生物质发电技术基本成熟，主要包括生物质直燃发电技术、生物质气化发电技术和沼气发电技术等。生物质热电联产方式的能源转化效率可达到 60%~80%。同时，大气污染防治和新型城镇化发展均对清洁供热的需求更加迫切，生物质能热电联产可以直接用于城镇居民供暖或工业生产供热等领域，热电联产将成为农林生物质发电的重点发展方向。

沼气。截至 2016 年底，生物质沼气技术拥有 4 000 多万个户用沼气池，规模化沼气工程 10 万多处；沼气理论年产量约 200 亿立方米，其中规模化沼气工程年产气量 50 多亿立方米；沼气正处于转型升级关键阶段。受畜禽养殖向集约发展和经济社会发展的影响，沼气生产方式将逐步转向集中化、规模化、高值化（生物天然气）方向发展，应在综合条件较好的地区，积极发展规模化沼气工程。同时，我国部分地区，尤其是西南地区户用（联户）沼气仍有较强的生命力，其运行维护不容忽视。

生物质成型燃料。截至 2016 年底，生物质成型燃料年利用量为 800 多万吨，主要用于城镇供暖和工业供热等领域。生物质成型燃料供热产业处于规模化发展初期，成型燃料机械制造、专用锅炉制造、燃料燃烧等技术日益成熟，具备较好的规模化、产业化发展基础。生物质成型燃料供热关乎民生，是近期生物质能开发利用的重点。2014 年，国家能源局和环境保护部联合下发《关于开展生物质成型燃料锅炉供热示范项目建设的通知》，明确生物质成型燃料供热是防治大气污染、减少煤炭消耗的重要措施[12]。

生物质液体燃料。截至 2015 年，燃料乙醇年产量约 210 万吨，生物柴油年产量约 80 万吨。截至 2016 年底，燃料乙醇产能约 200 万吨，年产量与产能基本相当，生物柴油产能达 300 多万吨，年产量不足 100 万吨。生物柴油处于产业发展初期,纤维素燃料乙醇加快示范,我国自主研发生物航空煤油成功应用于商业化载客飞行示范。近年来,生物质液体燃料产业进展缓慢。开发油脂、淀粉和糖类能源植物和微藻等新型生物质资源,生物质原料的梯级利用、多联产的生物炼制是未来生物质液体燃料发展的主要产业技术方向[13]。发展生物质液体燃料,是生物质能源开发的中长期战略重点。

2)太阳能

截至2016年底,全国农村累计推广太阳能热水器4 770.84万台,集热面积8 623.69万平方米;太阳灶227.94万台;太阳房29.27万处,集热面积2 564万平方米;小型光伏发电3.68万处,装机容量95 037.40千瓦。

太阳能热利用应用领域正在由户用型向工程化、由生活热水向采暖制冷、由生活供热向工农业生产供热采暖扩展。光伏发电应用逐渐形成集中式和分布式并举格局,步入与农业、养殖业、生态治理等产业融合发展的新阶段。

3)小风电

截至2016年底,全国农村小型风力发电(大于1千瓦、小于50千瓦)累计装机10.7万台,装机容量达到35 720.38千瓦,小风电装机主要分布在风能资源较丰富的区域,其中装机容量较大的省区包括内蒙古、新疆、黑龙江和山东等,其装机容量均达到1 500千瓦以上,尤其以内蒙古最为集中,其装机容量达到25 724.94千瓦,占全国农村小风电装机容量的72%。

小型风力发电经过40多年的发展历程,技术日趋完善,使用领域逐渐扩大到城乡居民供电、海岛与近海养殖、海水淡化、农村公路照明及交通监测、森林防火监测、农业灌溉及农副产品加工用电等与农业和农村相关领域[14]。尤其是随着互补型分布式电源的兴起,小型风能供电系统更能发挥其作用。

4)小微水电

截至2016年底,全国农村小微型水力发电(小于500千瓦)累计装机25 724.94台,装机容量达到86 835.94千瓦。我国微水电资源主要分布在长江流域、西南地区和西藏地区,微水电装机也主要分布在这些区域。其中装机容量较大的省包括广东、广西、云南等,其装机容量均达到1万千瓦以上,尤其以广东最大,装机容量达到19 821.69千瓦,占全国农村微水电装机容量的22.8%。

我国仍有相当一部分偏远山区的农村人口没有用上电，这些无电户主要分布在西藏的东部和南部、四川西部、云南西部、青海和甘肃南部等偏僻、边远的少数民族地区。由于居住分散，远离大电网，靠电网延伸来解决供电问题近期在技术和经济上都难以实施。开发利用这些地区微小水电，可以解决当地农村的日常照明问题[15]。

1.1.2　农村能源的资源概况

1. 生物质资源

我国生物质资源丰富，能源化利用潜力大[16]。全国可作为能源利用的农作物秸秆及农产品加工剩余物、林业剩余物和能源作物、生活垃圾与有机废弃物等生物质资源总量每年约 4.6 亿吨标准煤。截至 2015 年，生物质能利用量约 3 500 万吨标准煤，其中商品化的生物质能利用量约 1 800 万吨标准煤。我国生物质资源主要分布在粮食主产区（秸秆资源）及东北和西南林区。

2. 太阳能资源

我国拥有丰富的太阳能资源，资源量折合每年 17 000 亿吨标准煤，全国 2/3 以上国土面积年日照小时数超过 2 200 小时。我国太阳能资源丰富的地区面积占国土面积的 96%以上，西藏大部分、新疆南部，以及青海、甘肃和内蒙古的西部均属于太阳能资源极丰富带，这些地区年均太阳能辐照量超过 1 750 千瓦时/米^2。

3. 风能资源

根据中国气象局风能资源的详查和评估结果，我国风能资源丰富，总量为 30.8 亿千瓦左右。我国风能资源丰富地区主要分布在西北、华北、东北、华东地区，即目前认可的"三北"和东南沿海风能资源丰富带。理论蕴藏总量上，西北地区最大，其次为华北、西南、东北和华东地区，分别 148 685 万千瓦、103 025 万千瓦、101 847 万千瓦、39 918 万千瓦和 21 074 万千瓦。

4. 地热能资源

我国地热资源潜力巨大，全国水热型地热资源量折合 1.25 万亿吨标准煤，年可开采资源量折合 19 亿吨标准煤；埋深在 3 000~10 000 米的干热岩资源量折合 856 万亿吨标准煤。我国常规地热资源以中低温为主，埋深在 200~4 000 米，而高温地热资源十分有限，局限于西藏、云南腾冲及台湾北部地区。

1.1.3　农村能源的技术现状

农村能源技术主要指农村地区生物质能、太阳能光热（伏）、小风电、小微水电、地热能供暖等可再生能源的开发利用技术。

1. 技术发展现状

1）生物质发电与热电联产技术

生物质发电技术基本成熟，主要包括生物质直燃发电技术、生物质气化发电技术和沼气发电技术等。但目前设备规模小、参数较低，与进口设备相比发电效率存在较大差距。生物质热电联产技术可直接用于城镇居民供暖或工业生产供热等领域，能大幅提高热能利用效率，是今后一定时期生物质发电技术发展重点[17]。

近年来，国内生物质电厂每千瓦的建设成本在 8 500~10 000 元，约为常规燃煤火电厂单位造价的两倍。此外，生物质原料价格上涨较快，给发电企业盈利带来了较大压力，按照现行 0.75 元/千瓦时的农林生物质发电固定电价补贴政策，管理水平较高、成本控制较好的生物质直燃发电项目可以实现微利。

生物质热电联产技术可同时满足发电和供热需求，在有热负荷需求的地区，可有效提高能源利用效率，而且可满足城镇化发展过程中的供热需求。但生物质电站有很明显的地域性，不是所有地方都适合生物质发电供热。我国目前 90% 的生物质发电项目集中在长江以北，尤其是山东、江苏、安徽、黑龙江、河南几省已占了全国的 76%，主要以北方的玉米秸秆为原料，兼有少量其他废弃物。

生物质热电联产技术成熟可靠，目前生物质热电联产还需要政府的补贴才能维持运行。影响生物质热电联产技术经济性的主要因素包括生物质资源到厂价格、生物质低位热值、热价补贴、初期建设投资补贴比例等。生物质发电厂面临的主要挑战是降低原料成本、提高技术装备水平和能效及改善盈利状况,故发展重点是在适度扩大规模的同时,对已建生物质发电厂作热电联产、成型燃料联产的技术升级,以大幅提高能效和经济产出。

2)生物质燃气技术

农村生物质气体燃料即生物质燃气分为两种:一种是利用农作物秸秆、林业废弃物和畜禽粪便等有机生物质为原料,在厌氧条件下发酵产生沼气,有效成分是甲烷;另一种是利用农林废弃物等生物质为原料,在高温缺氧条件下使生物质发生不完全燃烧和热解,通过热化学方法将生物质气化产生可燃气体,即生物质(热解)气化燃气,有效成分是一氧化碳、氢气等。

沼气:在农村,农牧业产生的大量作物秸秆、畜禽粪便、农产品加工有机废弃物皆可作为生产沼气的原料[18]。一方面,大部分农户还依然延续着分散养殖的习惯,为农村户用沼气发展提供了基础条件。另一方面,养殖业规模化养殖的趋势明显,粪污集中处理的需求迫切,进行粪污资源化、无害化和清洁化的集中治理,变废为宝,大中型沼气工程是最经济、最可行和最现实的选择[19]。沼气的规模化生产和利用是沼气发展的重要趋势,也是降低成本、提高经济效益、实现商业化的有效途径,受畜禽养殖集约化、规模化发展的影响,沼气生产方式也逐步转向集中化、规模化、高值化(提纯生物天然气)方向发展,国内常用厌氧消化工艺包括连续搅拌反应器(continuous stirred tank reactor,CSTR,或称全混合厌氧反应器)系统、升流式固体反应器(upflow solid reactor,USR)、上流式厌氧污泥床反应器(up-flow anaerobic sludge blanket reactor,UASB)等。近年来,随着科技进步,厌氧发酵产沼气领域的新技术和新模式也纷纷涌现,如太阳能-地源热泵增温保温技术、沼液循环回用节水减排技术等。

【典型案例】

山东某养殖场沼气项目

项目年处理鸡粪便约 12 万吨,项目发电机组装机容量为 2 兆瓦,年可发电 1 400 万千瓦时;沼渣、沼液全部转化为固态或液态有机肥。项目建设 3 200 立方米的厌氧发酵罐 6 座,配套建设 1 座 4 000 立方米的格栅集水池、2 座 2 000 立方米匀浆调节池等。

项目采用全混合厌氧反应器沼气抽取工艺和热电肥联产技术,沼气主要用于发电上网，沼气发电机组余热可供沼气发酵工程自身增温和鸡场供暖，沼渣、沼液全部用于生产有机肥料，实现零排放。沼液、沼渣开发利用与种植业结合，其中，沼渣制作商品有机肥供应有机农业生产基地，沼液直接供应周边果园和农田。

项目总收益为 2.262 亿元，加上电价补贴和清洁发展机制（clean development mechanism，CDM）收入，总收入达 2 034 万元，年收益 1 446 万元。该项目建设了"鸡—肥—沼—电—生物质"的循环经济产业链。通过预处理、发酵、沼气净化、贮存、发电技术，实现年减排温室气体（二氧化碳当量）6.7 万吨。

从总体上看，我国沼气发展的特点是小而散，以户用沼气为主，以惠民工程为定位，着眼在解决农村的炊事用能和改善农村环境上，沼气工程主要定位于解决规模化养殖场的污染问题。沼气投资以政府补贴和养殖场业主为主，社会资产介入较少，很难市场化运作，经济效益差，业主持续管理和经营的动力不足。目前农村沼气利用方式比较单一的局面还未改变，涉及沼气电、热、冷联产技术领域的理论和工艺研究较少，特别是适应农村地区用能特点的沼气纯化、发电、制冷、供热、炊事和洗浴等组合式联供技术研究还很薄弱，易于操作的智能化、集成化、高效化联产成套设备的研发尚处于空白，严重限制了沼气在农村地区的规模化应用。

生物质（热解）气化燃气：生物质气化燃气在我国应用较为广泛，主要用于农村居民炊事、工业供热、发电等领域。在民用方面，生物质气化燃气主要是通过生物质气化站进行居民集中供气。生物质气化燃气还应用于发电领域，利用生物质气化燃气推动发电设备进行发电，称为生物质气化发电。生物质气化发电已纳入国家生物质发电可再生能源发电电价附加补贴范畴，具备了商业化的基础，企业积极性较高。但现有的生物质气化站通常作为新农村建设的内容，作为村镇政府的利民工程，燃气使用收费一般很低，有些项目收费甚至无法维持项目的日常运行维护，具有公益性特征，难以实现商业化运行[20]。

生物质炭化技术指生物质原料在绝氧或低氧环境中经加热升温引起分子内部分解，形成生物炭、生物油（bio-oil）和不可冷凝气体产物的技术，是一种生物质中低温慢速热解技术。生物质热解多联产技术以现代生物质炭化技术为核心，通过热解气的气液分离和净化提质，生产生物炭、高品质燃气、木焦油和木醋液等多种产品。该技术具有资源利用率高、产品形式多样、二次污染少等优点。生物炭可广泛应用于固碳减排、水源净化、重金属吸附和土壤改良等，生物炭的生产和应用已引起国内外科研人员的广泛关注。热解气作为一种清洁的高品质燃气，具有重要开发利用价值，副产物木焦油与木醋液也是重要的能源和化工原料。生物质热解多联产技术可进一步提高生物质资源开发利用的综合效益，符合生物质能源化、资源化综合利用战略思路，具有良好的推广应用前景。

在生物质炭化技术开发方面，国内外已开发出多类反应装置，如上吸式固定床反应器、下吸式固定床反应器、循环流化床反应器、真空移动床反应器和旋转锥反应器等。生物质热裂解工艺不同，裂解气、裂解油和生物炭生成比例存在很大差异。其中，连续式生物质炭化技术具有生产连续性好、生产率高、过程控制方便、产品品质相对稳定等优点，代表了生物质炭化技术的未来发展方向。

3）生物质成型燃料技术

生物质成型燃料技术是指在一定的压力作用下，将秸秆等农林生物质原料，经干燥、粉碎后压制成具有一定形状的、密度较大的固体燃料的技术。成型技术可以使生物质燃料单位体积的能量密度增加，便于运输和贮存，燃烧性能和环保指标明显改善。生物质成型设备可分为辊模式、螺旋式、柱塞式等，辊模式生物质成型设备因其生产连续、原料适应性强、成型效果好，得到了广泛应用。辊模式生物质成型设备又可分为环模与平模两种结构形式。生物质成型燃料生产与供热处于产业化发展初期，成型关键部件制造、专用锅炉设计、清洁燃烧等技术日益成熟，具备较好的规模化、产业化发展基础。总体上，生物质成型燃料市场发展迅速，主要作为生物质锅炉燃料，替代煤炭、燃油或燃气供热。我国生物质成型燃料技术、设备、标准和配套服务体系初步形成，生产和应用形成了一定规模[21, 22]。

从应对雾霾、替代燃煤的发展形势看，我国的生物质成型燃料应用潜力巨大，《生物质能发展"十三五"规划》中明确指出，"到2020年，生物质能基本实现商业化和规模化利用……生物质成型燃料年利用量3 000万吨"。生物质成型燃料含硫、含氮低，配套专用锅炉和适当除尘即可达到高标准清洁燃烧水平，基本等同于天然气排放标准，是目前中小燃煤锅炉替代燃料的最佳选择。生物质成型燃料的储存、运输、使用方便，燃烧效率高，可按照用户要求量身定制地进行分布式供热服务,既可作为农村居民的炊事和取暖燃料,也可作为城市分散供热的燃料,直接用于生物质锅炉或经改造后的燃煤(油)锅炉。

4)生物质液体燃料技术

生物质液体燃料是目前世界上使用量最大、最为可行的替代石油的可再生能源利用种类,主要包括生物燃料乙醇和生物柴油。以生物乙醇为代表的第一代生物质液体燃料主要是将玉米、甘蔗、油菜等农作物的淀粉、糖和油脂用化学法转化为乙醇和柴油。但随着生产规模的扩大而不可避免地会与农产品争夺市场和影响食物安全,且其环保性与经济性均较差,故而寻求用生物酶法将生物质组分中的纤维素和半纤维素转化生产乙醇,即纤维素乙醇,属二代生物质液体燃料。世界知名化石能源公司、先进酶制剂制造商和乙醇生产商纷纷进军纤维素乙醇领域。虽努力多年,但仍未能突破商业化生产的技术与经济瓶颈。

木薯、甜高粱和玉米属于种植作物,受种植面积、收成状况和供需关系影响,其价格浮动较大。原料价格是导致燃料乙醇生产成本变化的最关键因素。因此,燃料乙醇成本在一定区间内波动。

另一条技术路线则是以热化学法合成以生物柴油为主的生物质液体燃油。其中直接液化法的大部分技术尚不具备商业化条件,但生物质快速裂解制生物油,再提(改)质制取生物燃油的技术,已取得商业化的突破。另有生物质合成气经二甲醚/甲醇合成汽油(methanol to gasoline,MTG)汽油,目前仅少数发达国家开始进入商业化生产。

总体而言,在液体燃料方面,以开发油脂、淀粉和糖类能源植物和微藻等新型生物质资源为主,梯级利用、多联产的生物炼制是未来生物质液体燃料发展的重要技术方向。

【典型案例】

广西某木薯燃料乙醇项目

项目位于广西壮族自治区,项目占地 45.26 万平方米,建设投资 7.6 亿元,年需鲜木薯 150 万吨(折成干片为 61 万吨),年产燃料乙醇 20 万吨、木薯渣 8 万吨、沼气 2 970 万立方米、二氧化碳 5 万吨。广西某木薯燃料乙醇项目见图 1-4。

图 1-4　广西某木薯燃料乙醇项目

该项目采用了风选风送（干法）、泵送（湿法）、除砂除杂、同步糖化浓醪发酵、中温连续液化、热耦合差压蒸馏、闪蒸热能回收、分子筛变压吸附脱水、蛋白絮凝分离、掺烧热电联产等新工艺。

该项目年需鲜木薯 150 万吨（折干 61 万吨），燃料乙醇售价 5 500 元/吨，产量 20 吨/年，年收入 11 亿元，利润可达 2 亿元，可带动周边地区种植木薯近 100 万亩，每年为当地农民增收 3 亿元。该项目为促进地方经济发展、改善投资环境、加速农业产业结构调整、增加农民就业等找到新的突破口。

5）太阳能生活热水技术

目前我国太阳能热水器应用重点是小城镇、城乡接合部和广大的农村地区。太阳能集中热水系统的应用重点在中大型城市的学校、浴室、体育馆等公共设施和大型居住建筑。我国户用太阳能热水器与电、燃气热水器相比，具备很好的经济性，投资回收期一般为 2~5 年。在三大类型热水器（太阳能热水器、电热水器、燃气热水器）中的市场比例达到了 57%。太阳能集中供热水也具备了很好的经济竞争性，投资回收期一般为 3~6 年。因此，太阳能热水器和集中热水工程受到普通百姓，特别是农村居民的欢迎。

6）太阳能供暖制冷技术

近几年，随着太阳能集热技术的提高，太阳能热利用的应用范围逐渐由家庭、公共建筑用热水扩展到工业应用领域和建筑物的供暖、制冷。我国的太阳能供热、取暖系统处于试点、推广阶段，在我国的一些新农村建设和城镇的新建建筑上得到了成功应用。太阳能供热、取暖系统技术成熟，但初投资较高，目前集热器初投资在 1 500~3 000 元/米^2。在有集中供暖的区域竞争性较弱，而在非集中供暖区域，如夏热冬冷地区的城市和村镇、北方地区的郊区和农村，有很大的市场需求和发展潜力。太阳能采暖在我国采暖期较短、热负荷要求不高的区域，相对于集中供暖有优势，在未来具有很大的市场发展潜力。

太阳能空调技术是利用太阳能集热系统为不同的制冷方式，如吸收或吸附式制冷机、除湿式制冷机等提供热源，从而达到制冷的目的。目前太阳能空调技术在我国还处在示范阶段。太阳能空调因技术路线的不同，在整个空调综合系统中的潜在能源贡献率也不同，在 30%~60%。目前太阳能空调技术的工程应用主要问题是，投资较高，经济性不佳，且在技术方面，太阳能中高温集热器技术、小功率制冷机设备技术及不同设备之间结合的系统集成技术还没有质的突破，目前还无法得到规模化的发展。未来太阳能空调技术的重点发展方向是，研发和生产中高温集热器及小型制冷机，降低系统的投资成本，提升太阳能热水、供暖和制冷三联供系统的系统集成能力，提高太阳能制冷的市场竞争力。

7）浅层地热能供暖制冷技术

目前，浅层地热能供暖制冷项目所应用的热泵技术已经基本成熟，在经济上具备了一定的竞争优势。若国家针对地源热泵项目给予一定的电价、税收等方面补贴，保证浅层地热能供暖制冷项目实施的经济性，就可以进行大规模推广。

浅层地热能供暖制冷是通过热泵系统从土壤、地下水、地表水中提取热量再传输到用户端的供暖、制冷方式。地源热泵供暖制冷适用于我国中部、华北等需冷热双供的城镇地区以及传统集中供暖未覆盖的城镇地区。浅层地热能供暖制冷项目的经济性受资源条件、电价、供暖（冷）收费价格影响较大，已建项目多通过逐年收取暖（冷）费的方式回收投资并获得一定盈利。地源热泵系统平均初投资和传统电制冷空调+燃气锅炉供暖系统大致相当，其中钻井、铺设地埋管成本较高。由于地源热泵通过输入少量的电能，实现低温位热能向高温位转移，运行费用低，投资可在 4~7 年内收回，地源热泵系统在整个服务周期内的平均费用低于传统的空调系统。

2. 农村能源技术需求

总体上，我国农村能源产业在关键技术上与发达国家相比还有较大差距，缺乏系统的农村能源技术开发体系，基础研究欠缺、技术创新能力不强、关键核心技术和共性技术研究滞后，农村能源产业核心竞争力有待进一步提高，但目前农村能源技术可基本保障农村能源革命需要，不构成农村能源革命的瓶颈[23]。

新形势下我国农村能源技术呈现出以下趋势和需求：

（1）因地制宜，发展生物质能、太阳能、地热能等多能互补的能源系统是农村能源发展的重要方向。

（2）以供热为核心的农村能源开发利用技术，关系国计民生，尤其是在北方供暖地区，是近期农村能源技术发展的重点。

（3）生物质液体燃料技术优势突出，是农村能源中长期战略重点。

（4）农业能源，尤其是生物质能是优化能源结构、改善生态环境、发展循环经济的重要内容，农村能源技术应与农业生态和农村环境保护相结合。

（5）农村节能，尤其是农村建筑节能、高效清洁燃烧技术不容忽视。

（6）新型农村社区建设为农村能源技术发展提出了新要求。

1.1.4　农村能源的政策现状

我国农村能源政策演变大致可分为三个阶段[24~26]：

（1）短缺时代的农村能源政策（1979~1995 年）。农村地区缺乏基本的商品性能源服务，广大农村主要依靠当地可获取的非商品能源（薪柴、秸秆），"能源贫困"问题突出。

（2）安全诉求下的农村能源政策（1996~2006 年）。随着可持续发展理念的深入人心，力图建立以可再生能源为基础的可持续发展能源系统。由于农村能源与可再生能源的天然联系，这一时期中国农村能源政策着眼于服务国家能源安全，推进能源供给的多样化。

（3）气候变化条件下的农村能源政策（2007 年至今）。近年来，农村能源除解决农村能源贫困、国家能源安全等问题外，又被赋予了全球气候变化问题。能源消费排放的温室气体引发的全球变暖问题使得国家能源问题国际化。中国政府于 2007 年发布了《中国应对气候变化国家方案》，农村能源被赋予了"减缓和适应气候变化"能力的新使命。以农村沼气、农村电力、煤炭等农村能源为主的我国能源政策演变过程如表 1-1 所示。

表 1-1　我国农村能源政策演变过程

阶段	1979~1996 年	1997~2004 年	2005~2010 年	2011~2016 年
电力	解决能源供需矛盾（农村电气化；发展小水电）	两改一同价（改造电网；改革农电管理体制；实现城乡同网同价）	环保与节能（生物质发电；小水电代燃料工程；节电政策）	电力改革（电力体制改革；电网改造升级；扩大电网供电人口覆盖率）
阶段	1979~1992 年	1993~1997 年	1998~2005 年	2006~2016 年
煤炭	解决能源供需矛盾（因地制宜，积极发展小煤矿；以煤代木；使用节煤灶）	市场化与标准化（放开煤炭指令性价格，取消煤炭同意计划价格；乡镇煤炭管理）	关井压产（关闭非法和布局不合理煤矿，压减产量）	环保与节能（推广使用节煤灶；节煤灶更新换代；淘汰散烧煤炉；加强农村型煤加工点等基础设施建设）
阶段	1979~1989 年	1990~2006 年	2007~2016 年	
太阳能	解决能源供需矛盾（积极开发利用太阳能；大力开发利用太阳能）	环保与节能（发展太阳能环保产业；作为清洁可再生能源发展；因地制宜发展太阳能）	全面推广应用（大力推进有条件地区发展太阳能；发展太阳能热水器、太阳灶、太阳房；太阳能供暖）	
阶段	1979~2001 年	2002~2006 年	2007~2016 年	
风能	解决能源供需矛盾（积极发展风能；大力发展风能；风力发电；发展风力机械）	节能与环保（作为可再生能源、清洁能源，因地制宜发展风能）	全面推广应用（因地制宜，大力发展风能技术、风能发电技术）	
阶段	1979~1993 年	1994~2006 年	2007~2016 年	
地热能	解决能源供需矛盾（积极开发利用地热能）	环保（将地热能作为可再生能源开发利用）	能源结构调整（因地制宜发展地热能，提高优质清洁能源比重）	
阶段	1979~2004 年	2005~2006 年	2007~2013 年	2014~2016 年
沼气	解决能源供需矛盾（发展沼气；建设沼气池）	环保与节能（作为清洁能源发展；发展户用沼气；发展畜禽养殖场沼气工程）	沼气全面建设（沼气服务体系建设；沼气工程建设；沼气建设资金专项管理；大中小型沼气工程）	沼气转型升级（完善农村沼气建管机制；发展规模化沼气、户用沼气）
阶段	1979~1993 年	1994~2006 年	2007~2016 年	
薪柴	解决能源供需矛盾（积极发展薪炭林）	可持续发展与环保（发展薪炭林；保护森林资源；推广使用省柴灶）	综合利用（转化为商品性能源；资源化利用；推广使用省柴灶）	
阶段	2006~2009 年	2010~2016 年		
秸秆	综合利用，侧重能源用途（秸秆气化；秸秆成型；秸秆发电）	综合利用，能源、肥料用途与环保并重（秸秆气化；秸秆成型；秸秆制肥料还田；禁止露天焚烧）		

国家层面的法规中多次提及农村能源问题，2012 年修订的《中华人民共和国农业法》指出，"加强农业生态环境保护建设""加强农业和农村基础设施建设"。《中华人民共和国循环经济促进法》指出，有条件的地区，应当充分利用太阳能、地热能、风能等可再生能源。国家鼓励和支持农业生产者和相关企业采用先进或者适用技术，对农作物秸秆、畜禽粪便、农产品加工业副产品、废农用薄膜等进行综合利用，开发利用沼气等生物质能源。《中华人民共和国节约能源法》指出，按照因地制宜、多能互补、综合利用、讲求效益的原则，加强农业和农村节能工作，增加对农业和农村节能技术、节能产品推广应用的资金投入。《中华人民共和国可再生能源法》指出，国家鼓励和支持农村地区的可再生能源开发利用。县级以上地方人民政府管理能源工作的部门会同有关部门，根据当地经济社会发展、生态保护和卫生综合治理需要等实际情况，制定农村地区可再生能源发展规划，因地制宜地推广应用沼气等生物质资源转化、户用太阳能、小型风能、小型水能等技术。

2000 年以来，国家陆续加大了农村地区电力建设和农村生物质能源、小水电、太阳能热利用等开发应用支持力度，并通过"十一五""十二五""十三五"可再生能源发展规划等，加快农村清洁能源应用。

一是开展电力普遍性服务。支持农村电网建设与改造、县城电网建设与改造工程和西部地区农村电网完善，"十一五"期间和"十二五"期间分别投资 3 000 亿元和 4 000 亿元，用于农网改造，极大改善了农村供电形势。针对农村电网改造难以达到的地区，从 2002 年开始，国家在西部 12 个省（区）集中开展了"送电到乡"工程建设，推广小型风电、光伏发电及小水电，解决了 1 000 多个无电乡约 200 万人的用电问题。

二是加大对农村地区沼气支持力度。2003 年以来，在中央投资带动下，经过各地共同努力，农村沼气发展进入了大发展、快发展的新阶段，其中"十五"期间，国家投入 35 亿元，重点推广以沼气建设为纽带的能源生态模式，"十一五"期间中央累计投入农村沼气建设资金 212 亿元，"十二五"期间中央预算内投资 142 亿元用于农村沼气建设。到 2015 年底，全国户用沼气达到4 193 万户，受益人口达 2 亿人。

三是开展小水电代燃料工程。2003 年以来，为从源头上解决农民生活燃料问题，巩固退耕还林和天然林保护等重大生态建设成果，在退耕还林重点地区实施了"小水电代燃料"试点工程，2003~2008 年替代 20 多万户燃料用户、使 80 多万农民人口告别了祖祖辈辈上山砍柴、烟熏火燎的日子，过上了现代、文明、健康的新生活，同时保护了 350 多万亩（1 亩 ≈ 666.7 平方米）森林植被。2009 年后国家专门印发了《2009~2015 年全国小水电代燃料工程规划》，到 2014 年底解决了 130 万农村居民的生活燃料问题，其中安排中央投资 35 亿元。

四是各类农林生物质利用。20 世纪 90 年代初开始生物质气化村级集中供气的试验和示范项目建设，国家对这类项目给予初投资补贴，全国建成 500 多处，为农村居民提供方便的生活燃气。为支持生物质成型燃料应用，对每吨秸秆补助 140 元（目前已取消了补助），鼓励农林废弃物就地转化利用，到 2016 年，全国生物质成型燃料年利用量约 800 万吨。此外，对农林生物质发电，国家给予 0.75 元/千瓦时的固定电价优惠政策。对生物乙醇的生产企业，给予增值税即征即退、原料补贴等优惠政策，促进产业进步，带动农村地区经济发展。

五是扩大太阳能利用。我国太阳能热水器产业化程度高，为鼓励农村地区利用太阳能，2009 年开始国家把太阳能热水器纳入"家电下乡"补贴目录，按照价格的 13%给予消费者补贴，一些地方政府也配套补贴资金，鼓励农村消费者使用太阳能热水器，在改善民生的同时，拉动了消费，太阳能热水器也在农村地区开始普及。此外，国家还在西部太阳能丰富的甘肃、青海、宁夏、西藏、四川、云南等偏远地区推广利用太阳灶，用于清洁炊事等。在一些西部地区，也推广过太阳能房采暖技术，以提高居民生活质量。

六是推广应用高效节能灶具。国家曾在全国农村开展过大规模的"节柴改灶"推广工作，推广了 1.8 亿台省柴节煤炉灶炕，对缓解农村用能紧张状况和保护生态环境做出了巨大贡献。随着农村居民生活水平提高，节能灶具逐步商业化，国家也在西部扶贫、退耕还林等地区推广过节能灶具，并根据技术进步，进行薪柴、型煤、成型颗粒等新型炉具试点。

上述农村能源建设成果，在大大节约能源和增加能源供应的同时，也使全国农村生活用能综合效率明显提高。2016 年，《国务院办公厅转发国家发展改革委关于"十三五"期间实施新一轮农村电网改造升级工程意见的通知》为"十三五"期间新一轮农村电网改造升级工程的开展提供指导。《太阳能发展"十三五"规划》提出，支持农村和小城镇居民安装使用太阳能热水器，在农村推行太阳能公共浴室工程，扩大太阳能热水器在农村的应用规模。《水电发展"十三五"规划》提出，"支持边远缺电离网地区，因地制宜、合理适度开发小水电……重点扶持西藏自治区，四川、云南、青海、甘肃四省藏区和少数民族贫困地区小水电扶贫开发工作，继续实施绿色能源示范县建设，解决当地居民用电问题"。另外，《可再生能源发展"十三五"规划》《生物质能发展"十三五"规划》《全国农村沼气发展"十三五"规划》等，也都涉及农业能源的相关问题。

1.2　农村能源面临的主要问题

1.2.1　农村能源战略定位不清晰，顶层设计需强化

农村能源是我国能源体系的重要组成部分，发展农村能源根本上是要优化农村用能结构、提高农村用能效率、保障农民能源公平、消除农村地区能耗贫困[27]。发展农村能源也是保护农村生态环境、完善农村基础设施的重要手段，同时，由于农村能源与可再生能源的天然联系，发展农村能源可服务国家能源安全，推进能源供给的多样化。另外，开发农村可再生能源还可以发展农村经济，促进农民就地就业，助力产业扶贫。目前，从国家层面上对农村能源发展的重视程度仍然不足，对其战略位置的把控失当，亟须确立农村能源发展的重要战略地位[28, 29]。

国家层面的顶层设计与专项规划是农村能源走上持续、快速、健康发展轨道的基础保障，近年来，尽管国家出台了一系列提及农村能源的法律法规和政策文件，指明了农村能源发展的基本方向，但21世纪以来，国家没有在全国范围内颁布过专项农村能源发展战略规划或行动方案，只在"十一五"以来的可再生能源发展规划中，提出了有关农村可再生能源发展的相关思路。强化农村能源顶层设计是下一阶段农村能源发展的重要内容之一。

1.2.2　农村能源革命对象不明确，中心任务待落实

从根本上讲，农村能源仍有多方面关系国计民生、需要尽快解决的突出问题，但长期以来，全社会未对革命对象和中心任务达成共识，农村能源发展难以聚焦并形成强大合力。在明确压减劣质散煤、开发可再生能源、能源化资源化综合利用固废生物质农村能源革命三大对象，以及在此基础

上的重点任务落实上，目前还存在不足。

散烧煤使用比重过大，且劣质燃煤居多[30]。2016 年，我国农村煤炭消耗量为 2.7 亿吨标准煤，在农村能源消费中的比重为 41.5%。2016 年，我国民用生活散煤约 2.34 亿吨，主要是广大的农村地区，包括城中村和城郊村。其中，约 90% 用于农村地区冬季采暖，用量约 2 亿吨。近 80% 的农村居民仍在使用低效炉灶、燃用劣质原煤。劣质煤的燃烧过程中，排放出大量的烟尘、温室气体及一些酸性气体，且在农村为分散排放，不加装任何除尘装置，这些污染物直接排放，既污染环境，也严重危害着人民健康。

原始形态的生物质资源利用水平低，未能规模化处理。我国原始形态的生物质资源极为丰富，仅农林废弃物每年可收集的资源量就可达 8 亿吨，折合 4 亿吨标准煤，相当于我国每年原煤产量的 1/6。但林木砍伐剩余物多被农户用来做饭和取暖，用能方式较为原始。田间地头随意焚烧秸秆也是屡禁不止，不仅浪费了宝贵的生物质资源，还严重污染了大气。因此，着力提高农村原始形态的生物质资源的规模化利用是下一步农业能源工作的重点。

农村固体废弃物成分增多，处理尚未成体系。农村固体废弃物的成分很复杂，包括生活垃圾、农业废弃物、林业废弃物、畜禽粪便等。近些年来，农村居民的消费结构发生了很大的变化，导致农村生活垃圾成分也发生了明显的改变。农业地膜的使用、畜禽产生的大量粪便，更是加剧了农村环境的恶化。目前，对农村固体废弃物处理方法、技术与模式的研究仍不足，需要通过实用性强、处理费用低的技术手段进一步推进农村生物质固体废弃物减量化、无害化、能源化、资源化综合利用[31]。

1.2.3　保障体系与基础设施不到位，条件建设应加强

农村能源直接关系到农业现代化发展和农民切身利益。长期以来，农村能源管理职能分散在各个部门，之间的联动、合作机制较弱，资金投入也较为有限，管理手段仍沿袭旧的方式，缺少技术和市场相结合的创新机制。在能源资源评价、技术标准、产品检测和认证等方面体系不完善，人才队伍等也不能满足市场快速发展的需要。绿色能源示范县等清洁能源利用创新示范项目迟滞不前，说明当前在农村能源管理上，还没有形成一套可持续发展完善的市场激励机制和技术服务体系，来适应城乡一体化能源

供应体系建设及清洁能源发展需要。

农村能源的发展技术、资金投入不足，能源基础设施薄弱，现代化、规模化水平较低。近年来，尽管各级政府以补贴的形式开展了沼气、秸秆气化等农村清洁能源利用工程建设，但这些补贴远远不能满足农村能源整体建设的需求，资金缺口较大。此外，由于农民收入水平低、缺乏配套技术服务等，有些设施在建成后处于停滞状态。大部分农户的灶具、采暖设施（以土暖气、火炕和煤炉为主）热效率低，秸秆树枝等生物质能源仍采用直接燃烧方式，致使能源利用率低，造成资源的巨大浪费。相对于城市，农村人口分散化特征较为明显，由此导致农村能源需求和供应也较为分散，集中式的农村能源市场难以形成，造成能源基础设施的建设、运营和管理成本较高。

1.3　农村能源革命的重大意义

党的十九大报告[①]中指出，"坚持人与自然和谐共生""必须树立和践行绿水青山就是金山银山的理念，坚持节约资源和保护环境的基本国策，像对待生命一样对待生态环境""加快生态文明体制改革，建设美丽中国""要推进能源生产和消费革命，构建清洁低碳、安全高效的能源体系"。

深入推进农村能源建设，是优化农村能源结构、消除农民能源贫困、提高农村用能效率、保护农业生态环境的重要手段，也是实施大气污染联防联控、加快开发可再生能源、全面推进我国能源革命的重要内容。如何将农业废弃物、畜禽粪便、农村生活垃圾等进行能源化利用，完善农村地区能源供应基础设施，推广农村节能技术，成为时代新命题。

1.3.1　农村能源革命是生态文明建设的内在要求

建设生态文明既是着眼于从根本上解决我国面临的资源、环境、生态等问题，更是把推动农村能源发展作为生态文明建设的重要杠杆和抓手，促进我国发展方式、增长质量、生态环境水平实现根本性改善。

习近平总书记指出："我们既要绿水青山，也要金山银山。宁要绿水青

---

① 习近平：决胜全面建成小康社会　夺取新时代中国特色社会主义伟大胜利——在中国共产党第十九次全国代表大会上的报告. http://www.gov.cn/zhuanti/2017-10/27/content_5234876.htm, 2017-10-27.

山，不要金山银山，而且绿水青山就是金山银山。"[1]生动形象表达了我们党和政府大力推进生态文明建设的鲜明态度和坚定决心，农村生态文明建设既是生态文明建设的关键环节，也是薄弱环节，在生态文明建设上，农村应是主战场、农民应是主力军，建设生态文明，就必须狠抓农村生态文明建设，从农村入手，把生态文明建设落到实处。变废为宝，将农林废弃物能源化资源化综合利用是农村能源革命的重要内容，因此，推动农村能源发展，将对我国加快建设生态文明发挥重要的基础性作用。

随着国家对生态文明和环境保护高度重视，农村能源在加快推进生态文明制度建设、建设美丽乡村过程中的作用日益突出。将农村地区的农业废弃物、畜禽粪便、生活垃圾进行能源化利用，完善农村地区的能源供应基础设施，推进农村节能型建筑建设，增加农村地区的可再生能源供应比例，减少农村地区由于不合理的能源消费所造成的污染排放，是推进新农村建设和生态文明建设的主要抓手，是美丽乡村建设的重要依托，也是建设美丽中国的重要内容。

1.3.2 农村能源革命是我国能源革命的重要组成部分

农村能源作为国家整个能源系统不可分割的组成部分，其发展必然影响到我国能源供求形势，近年来，随着城镇化、现代化进程加快，我国农村能源消费总量稳中有降，农村能源多样化进程加快。与此同时，我国农村能源面临消费层次低、基础设施落后、环境污染重、利用效率低、能源结构待优化和普遍服务难等一系列问题。

2016 年 12 月，中央财经领导小组第十四次会议强调，解决好人民群众普遍关心的突出问题。加快推进畜禽养殖废弃物处理和资源化，关系 6 亿多农村居民生产生活环境，关系农村能源革命，关系能不能不断改善土壤地力、治理好农业面源污染，是一件利国利民利长远的大好事。习近平强调，推进北方地区冬季清洁取暖等 6 个问题，都是大事，关系广大人民群众生活，是重大的民生工程、民心工程。推进北方地区冬季清洁取暖，关系北方地区广大群众温暖过冬，关系雾霾天能不能减少，是能源生产和

---

① 习近平在哈萨克斯坦纳扎尔巴耶夫大学发表重要演讲. http://www.gov.cn/ldhd/2013-09/07/content_2483425.htm，2013-09-07。

消费革命、农村生活方式革命的重要内容①。对农村传统的能源生产消费方式提出了挑战，现实要求由"粗放的供给满足增长过快的需求"转变为"由科学的供给满足合理的需求"，推进能源消费革命是解决这一问题的重要路径。在城镇化过程中，急需创新能源消费理念，构建与新型能源安全观相适应的绿色能源消费模式。绿色能源消费的核心是以合理能源消费、总量减量为原则，通过节能、提高能源利用效率、推动高品质能源对低品质能源替代，实现能源安全和可持续利用的目标。

在农村能源消费革命中，抑制不合理的农村能源消费，建立多元的农村能源供应体系，发展农村能源技术带动产业升级，建立完善的农村能源体制是推动我国能源革命的重要组成部分。农村地区生物质能、太阳能、地热能、风能等可再生能源较为丰富，具备良好的发展基础，加快推进农村能源生产与消费革命，加快农村可再生能源的开发，对我国能源战略转型和保障国家能源安全具有重要意义。

1.3.3　农村能源革命是乡村振兴战略、全面建成小康社会的重要内容

党的十九大报告中提出实施乡村振兴战略。农业农村农民问题是关系国计民生的根本性问题。要坚持农业农村优先发展，按照"产业兴旺、生态宜居、乡风文明、治理有效、生活富裕"的总要求，建立健全城乡融合发展体制机制和政策体系，加快推进农业农村现代化。在新时期解决人民日益增长的美好生活需要和不平衡不充分的发展之间的矛盾，以及实现决胜全面小康的大头、重点和难度都在"三农"（即农村、农业、农民）。

"十三五"时期是我们确定的全面建成小康社会的时间节点，全面建成小康社会最艰巨最繁重的任务在农村，特别是在贫困地区。全面建设小康社会需要稳定、可靠、经济、安全的能源保障。消除贫困、改善民生、实现共同富裕，是社会主义的本质要求，是我们党的重要使命，开发农村能源对提高农村生活质量、发展农村经济、改善农村环境和基础设施条件

---

① 中央财经领导小组第十四次会议召开. http://www.gov.cn/xinwen/2016-12/21/content_5151201.htm，2016-12-21。

起着重要的作用，是农村全面建设小康社会的物质基础，关系到我国全面建设小康社会和公平、可持续发展目标的实现。深入推进农村能源建设是优化农村能源结构、消除农民能源贫困、提高农村用能效率，以及全面建成小康社会的重要内容。

第 2 章　发达国家和地区农村能源
发展经验借鉴

能源是人类生存与发展的物质基础，也是人类从事各种经济活动的原动力。随着能源危机和环境恶化问题的日益突出，农村地区能源建设及发展问题愈发受到社会各界的普遍关注，已成为能源、生态、环境可持续发展的有机组成部分及新农村建设的重要内容。一方面，农村能源的利用方式，与"三农"息息相关，需分析农业生产水平和生产模式、农民生活方式对能源的需求。另一方面，研究发达国家和地区农村能源历史沿革，对我国农村能源革命具有重要的借鉴作用。结合以上因素，选取了比较典型的美国、欧盟国家、日本及中国台湾，就其农村能源的战略、技术、产业、模式和政策进行研究分析，以期为我国农村能源建设提供参考。

2.1　美国农村能源发展经验

美国地域辽阔，生物质能资源丰富，也是世界上农业最为发达的国家之一。美国有 3 亿多人口，其中，住在农村地区的人仅占约 2%，直接从事农业生产的人不到 1%。美国的农村城市化发展较早，城市人口与农村人口收入比达到 1∶0.9，城乡收入差距很小。农村居民能源消费以燃油和电力为主，对石油的依赖性比较强。

2.1.1　美国农村能源战略——"全方位"能源战略

近年来，美国能源发展进入重大转折期，出现以能源效率不断提升、页岩气产量剧增以及可再生能源规模不断扩大为代表的能源革命，并对城市和农村经济发展、就业增长、贸易平衡和能源安全等诸多领域产生了广泛而深刻的影响。

美国能源革命本质是低碳发展，2013 年美国二氧化碳排放量已经比 2007 年（历史峰值）降低近 10%，在此基础上，《全面能源战略》提出了美国未来低碳发展的重要领域和举措。2012 年，美国出台严格的汽车能耗标准，计划 2025 年前轻型汽车燃油经济性比 2010 年水平提高近 1 倍，达 54.5 英里/加仑①；2018 年前，将中型以及重型汽车能效提升 10% 到 20%。此外，建筑、电器等方面也出台了能效提升计划。《全面能源战略》重视发挥清洁能源的核心作用。2005 年至 2013 年，美国近一半二氧化碳减排量来自天然气发电、风电以及光伏发电等对燃煤发电的替代[32]。《全面能源战略》还支持可再生能源、核电技术以及清洁煤技术发展。可再生能源方面，美国联邦政府出台了包括生产税抵免在内的一系列财税支持政策，各州政府则实施了以配额制为主的可再生能源支持政策，充分利用市场机制和竞争，促进可再生能源发展和技术进步。在核电技术方面，小型堆和大型堆并重。2013 年 12 月美国能源部（Department of Energy，DOE）宣布对小型堆的设计、验证以及商业化推广进行资助；2014 年 2 月又提供了 65 亿美元贷款担保支持先进压水堆建设。在清洁煤技术方面，奥巴马政府承诺投入近 60 亿美元，研发提高新建电厂效率和二氧化碳捕集能效的技术，进而提升各类电厂能效，以及降低二氧化碳捕集能耗和投资成本。此外，该战略还推动交通领域清洁化发展。电动汽车以及生物燃料是美国汽车领域重要的发展方向。目前，美国已广泛使用了生物燃料，未来，还将实施可再生能源燃料标准，支持先进生物燃料的推广应用。

2.1.2　美国农村能源技术——强调能源节约替代，推动低碳技术创新

高度重视生物质技术的开发利用。美国是能源消费大国，在 20 世纪 70 年代以后，由于中东战争引发的能源危机，生物质的开发利用研究进一步引起了美国的高度重视。美国不仅早在 2000 年的时候就颁布了《生物质研究法》，而且投入了大量的人力和资金用于生物质能的研究开发。目前，美国在利用生物质能方面，处于世界领先地位，据报道，美国有 350 多座

---

① 1 英里 ≈ 1 609.3 米。

生物质发电站，主要分布在纸浆、纸产品加工厂和其他林产品加工厂，这些工厂大都位于郊区，对繁荣乡村经济起到积极的推动作用。

扶持新能源产业升级。美国新能源政策的资金投入主要表现在能源科学、基础设施改造、提高能源效率与新能源技术研发等方面，重点是可再生能源、核电、洁净煤、高效节能技术、智能电网等领域，其特点是强调绿色、低碳、可持续发展，确保美国的全面能源战略的实施。奥巴马在"美国 4 万亿投资"和地方政府投资中，明确列出相当部分投入新能源产业，扶持产业升级，提高产品技术含量和附加值。其一，设立新能源技术风险基金，支持新能源产品的研发与产业化，重点支持已有相当技术基础、市场前景广阔的新能源产品产业化，使新能源技术从实验室走向市场。其二，设立常年性的新能源发展科技专项，开展新能源技术基础和应用基础研究，为新能源产业发展提供技术支撑。2016 年，美国农业部宣布投资超过 3 亿美元支持农村小型企业主开展可再生能源和提高能效项目。据悉，该笔投资中大部分资金来自《美国农村能源计划》，将以赠款和贷款的形式支持423 家美国农村本地小企业安装可再生能源系统，帮助农村地区提升能效，利用生物质能、地热能、水力发电、太阳能、供暖节能、通风与空调节能、绝热与照明节能等[33]。

2.1.3　美国农村能源产业——优化能源结构，促进产业转型

美国能源资源丰富，煤、石油、天然气等能源资源储量均居世界前列，是重要的能源资源生产国，同时也是世界最重要的能源消费国。美国石油储量 220 亿桶，石油消耗占美国总能耗的 40% 以上，煤炭可实现自给自足，每年消耗约 10 亿吨煤，天然气储量 6.73 万亿立方米。美国拥有 104 个核电反应堆，总生产能力为 806.2 太瓦。美国能源总消费量的 8% 由可再生能源提供，10% 的电力由可再生能源提供，累计风力发电装机容量为 43 461百万瓦，拥有 48 百万瓦世界上最大的光伏发电项目，地热能安装能力 2 957百万瓦。水力发电、风能、太阳能、地热能发电站总消费量的比例逐年增长。2015 年各能源利用占总能源消费的比重见图 2-1。

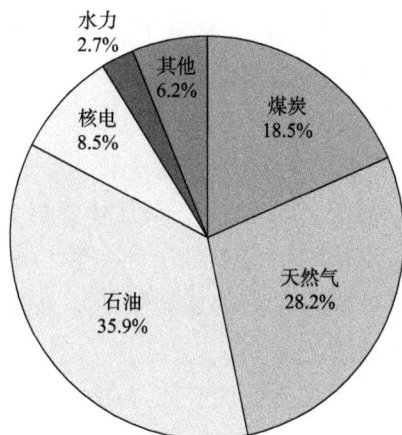

图 2-1　2015 年美国各能源利用占总能源消费的比重

城乡能源消费结构差距不大，农场拥有完善的能源体系。美国是一个高度城市化的国家。从严格意义上来讲，美国并没有像中国一样密集的农村，只有在各自农场中散居的农场主，并且各自拥有完善的能源利用体系，终端能源消费中，以油制品为主，其他主要还有电力、城市燃气、煤制品和热力等。

重视农村社区的新能源开发利用。美国农业部承担了 407 亿美元的农村经济复苏法案资金，协助农村水、电、废弃物处理等基础设施建设，以及为替代能源开发提供资金和技术支持等。《美国农业法案》重申了可再生能源的重要性，鼓励消费者购买可再生能源。美国政府向农民、牧场主提供贷款和补助，鼓励购买再生能源系统，提高能源效率，并根据需要划拨经费用于支持开发和建立生物提炼厂，将生物质转变为能源，并向农村社区和农业生产者宣传并实施氢和燃料电池技术项目等[34]。

美国是生物质燃料生产和使用的引领者。2011 年，美国生产了 500 亿升燃料乙醇，占世界总生产量的一半以上。2012 年美国能源部发布的《能源展望 2012》指出，到 2035 年生物质能源产量将由 2010 年的 40.5 万桶增加到 96.8 万桶，增量超过 100%，液体生物质燃料在燃料总消费中所占的比例从 2010 年的 1%上升至 4%。美国通过立法、制定路线图及研发计划和项目布局，对能源植物研究进行了周密部署。在法律层面先后出台了《生物质研究法》《能源独立与安全法案》等，将能源植物研究纳入了管理体系并部署了投资方案。在这些法案的指导下，以美国能源部和美国农业部为主，独立或联合发布了多个路线图，制定了能源植物研究目标和研究重点，并通过各法案的资助布设了许多能源植物研究项目，开展能源植物基础和可持续性研究。按当前的农业生产能力，到 2020 年每年可以生产 5 亿干吨生物质。如果届时纤维素乙醇已经实现商业化生产，那么每天可以提供 50 万桶燃料，到 2035 年，每天可以提供 170 万桶燃料，接近目前轻型汽车燃料用量的 20%。为了达到每年供应 5 亿干吨生物质的能力，不仅需要政府制定鼓励农民种植纤维素能源作物的激励措施，还要求政府为数以百计的转化厂和配套基础设施提供许可[35]。

风电农业是美国农村能源建设的重点领域。到 2015 年底，全球风电累计装机容量达到 432 883 百万瓦，累计年增长率达到 17%。美国仅次于中国，名列世界第二。美国能源信息局表示，2015 年风力发电占美国总发电量的比例为 4.7%，较 2010 年的 2.3%增加约一倍。数据显示，2016 年 1 月至 7 月，风电占美国总发电量的比例已升至 5.6%。美国能源信息局指出，美国风电发展迅速主要得益于风电技术进步和相关税收优惠政策支持。为了发展风电，美国加利福尼亚州（以下简称加州）、华盛顿州、俄勒冈州等，采取了对风电产业进行免税或者减税等很多办法，在一些风力资源丰富但却不适宜种植农业作物的山坡，大力发展风电农业。美国风电农业是从庭院起步的，有许多家庭还安装了电力网表。其特点是，这些用户家里安装的风电或太阳能装备，在电力富余时将电"反哺"给电网。电力消费者又是电力生产者，可有效减轻大电网负担，节约公共资源。为了鼓励用户建设风电站，美国很多州采用"电力互换"办法，即电力企业与用户可以互供电力，相互抵抹供用电量。互抵部分，用户以供电企业零售价抵消电量；多余电量，则以批发价格卖给电网。美国从庭院经济向风电农业快速发展，成为美国电力工业发展中的重要补充力量[36]。

农业废弃物循环利用技术方面积累了丰富的经验。美国可能源化的废弃物主要包括农业废弃物、木材废弃物、生活废弃物和土地保护项目中的专门能源作物。美国在农业废弃物循环利用技术方面积累了丰富的经验，主要处理方式包括肥料堆肥厂、污水处理厂等，并发展出一定规模的肥料市场，由美国肥料协会、堆肥委员会等专门管理、监督与技术推广。在美国乡村，随处可见田间直立的农作物秸秆、种养一体的农场、树林里的落叶、行道树旁的木屑残体，这些农业废弃物多为原位处理，避免长途运输造成废弃物遗撒、自然资源耗费及运输方面的弊端，同时可以增加土壤的自然覆盖，减少裸露，含蓄土壤水分，兼具除草功能，增加土壤有机质含量，疏松土壤；还可以实现养分的就地循环，减少化学肥料的使用。美国土地保护计划中的土壤保护作物也是生物质废弃物来源的重要渠道。对于一些不适合种植传统农作物的土地或者实施土地休耕保护计划的土地，土地所有者往往种植了一些专门的能源作物，如柳枝稷、柳树和杨树等。美国年度生物质废弃物产生量见表 2-1[37]，可知美国通过土地保护计划平均每年能产生 8 357.2 万吨的柳枝稷，可用于生物质能源转化。

表 2-1　美国年度生物质废弃物产生量（单位：万吨）

种类	产生量	种类	产生量
农作物废弃物	15 719.4	城镇木材废弃物	3 090.2
土地保护计划中的柳枝稷	8 357.2	畜禽粪便产生的沼气	218.9
森林木材废弃物	5 661.2	生活废弃物填埋产生的沼气	1 238.0
原始木屑	7 712.5	生活污水产生的沼气	46.5
二次加工木屑	261.5	总计	42 305.4

分布式能源已趋于成熟，但仍旧有难题待解。美国是全世界分布式能源发展最早的国家，总装机容量突破 92 千兆瓦，约占全国总装机容量 8.4%。美国政府把进一步推进分布式热电联产系统的发展列为长远发展规划。目前，美国热电联产总的装机容量超过 82 千兆瓦，规模已相当大。天然气在美国热电联产装机容量中占重要地位，约占总装机容量的 70%。煤炭、废弃物分列第 2 位、第 3 位，生物质能在居民及商用领域占比较高，约占 9%。2014 年美国分布式能源情况见表 2-2。

表 2-2　2014 年美国分布式能源情况

项目	数量/座	装机容量/兆瓦	平均装机容量/兆瓦
热电联产	4 438	82 728	18.64
光伏	420 761	8 452	0.02
能量储存	307	1 010	3.29
合计		92 190	

尽管美国分布式能源发展走在世界前列，但诸如热电联产经济性、电网互联等方面仍需改进。

（1）电网互联不畅。目前美国的电网互联标准仍未统一，使生产商在设计和制造设备时无法令其易于接入电网，也影响了项目的建设进度。

（2）备用费用较高。对于分布式能源系统，在日常维护或计划外停机时，需要备用电源为系统供电。电力公司为保障该备用电源请求需建设或保留电力生产、传输、送配等设施，因此这部分支付备用公用事业的额外成本难以缩减。

（3）能源价格存在不确定性。热电联产系统对于能源价格较为敏感，因为其将燃料转化为电、蒸汽和冷量，需要以能源之间的差额衡量其经济性。在加州和东北部的州，电价高而燃料价格却很低，热电联产的经济性就较高。近年来，美国燃料价格受天然气价格稳定的影响，波动不大；但长期看，热电联产项目的经济可行性高度依赖当地的市场环境。

（4）环保规定缺乏。目前美国的环保法律指标考察的是热输入或排气浓度，这些基于输入的指标不能准确反映采用分布式能源带来的全局排放量的减少。因此，以输出指标为评价标准的环保政策法规有待健全。

2.1.4　美国农村能源模式——政府部门政策指导，非政府部门广泛参与

当前，美国采取"政府部门政策指导，非政府部门广泛参与"的农村能源模式。从政府部门的角度看，国家级政府部门和地方级政府部门分别通过政策颁布和实施引导农村能源的发展。在国家级政府部门中，美国能源部是美国联邦政府的能源主管部门，主要负责制定和实施国家综合能源战略和政策；联邦能源监管委员会（Federal Energy Regulatory Commission，FERC）是一个内设于美国能源部的独立监管机构，其所有的决定可由联邦法院审议，而不是由美国总统和国会审议，实行自筹自支，通过收取其所监管的企业上缴的年费来支付其运行成本；环保署（Environment Protection Agency，EPA）是美国联邦政府的一个独立行政机构，主要负责维护自然环境和保护人类健康不受环境危害影响。在地方级政府部门中，美国大部分州政府设置了能源工作委员会及其他相应部门，负责全国农村能源政策的实施及管理州政府的农村能源工作。此外，还通过如图 2-2 所示的机构或途径实施国家或地方的农村能源政策，推进农村能源工作，具体包括州能源委员会和州公用事业委员会等。

政府部门　　　　　　　　　　　　　非政府部门

```
┌─────────────────────┐
│      能源部          │
└─────────────────────┘          ┌──────────────────────────┐
┌─────────────────────┐          │   美国能源效率经济委员会   │
│      环保署          │          └──────────────────────────┘
└─────────────────────┘          ┌──────────────────────────┐
┌─────────────────────┐          │   国家自然资源保护委员会   │
│   联邦能源监管委员会  │          └──────────────────────────┘
└─────────────────────┘
```

国家级部门
───
地方级部门

```
                                 ┌──────────────────────────┐
                                 │       市政公用机构        │
┌─────────────────────┐          └──────────────────────────┘
│     州能源委员会     │          ┌──────────────────────────┐
└─────────────────────┘          │        国家实验室        │
┌─────────────────────┐          └──────────────────────────┘
│   州公用事业委员会   │          ┌──────────────────────────┐
└─────────────────────┘          │        电力公司          │
┌─────────────────────┐          └──────────────────────────┘
│      ……            │          ┌──────────────────────────┐
└─────────────────────┘          │        ……              │
                                 └──────────────────────────┘
```

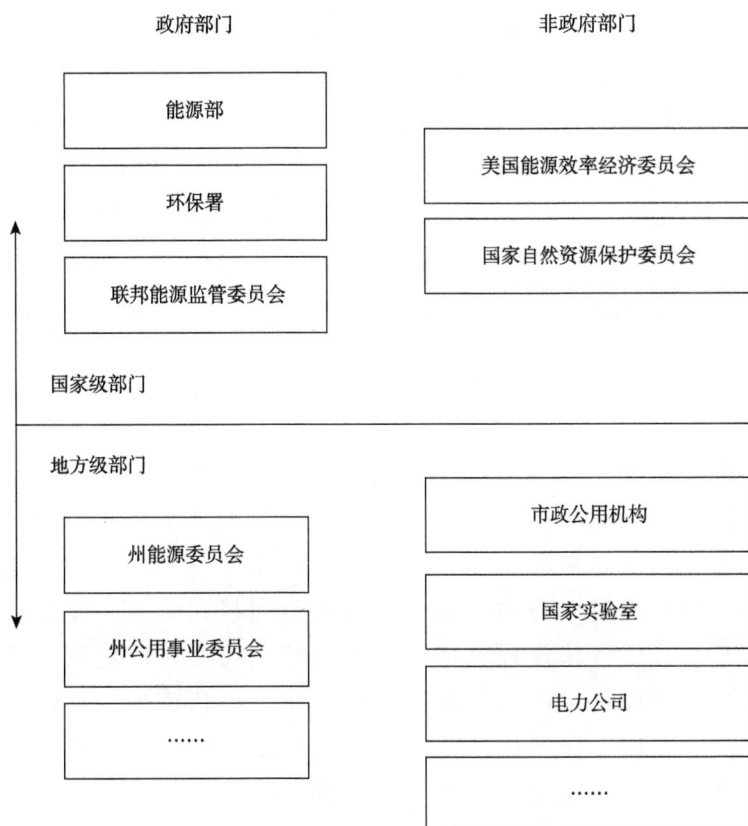

图 2-2　美国农村能源管理模式

　　非政府部门是连通政府部门和市场的纽带和桥梁，在美国农村能源工作中起着非常重要的作用。一方面，它们帮助政府制定相关的农村能源政策、能源标准和激励政策；另一方面，它们在农村能源政策和能源标准的实施过程中发挥着重要的作用。其中，美国能源效率经济委员会成立于1980年，是一个非政府的节能促进部门，主要目标是帮助制定、实施及评价美国的能源政策，提高能源效率；美国自然资源保护委员会成立于1970年，主要任务是保护地球及地球上的人类和动植物，主要措施是为其提供更加良好的生态环境，因为能源消费会引起全球气候变化问题和其他环境污染及能源安全问题，所以推动节能、开发新能源是该机构的一项重要任务。

　　此外，这些非政府部门包括科研单位、大学、实验室，也包括一些相关的节能咨询公司。以加州为例，劳伦斯伯克利国家实验室（Lawrence

Berkeley National Laboratory，LBNL）是由美国能源部出资与加州伯克利分校合建的国家实验室，由能源系统、能源经济、能源效率、节能技术领域的科学家、专家及学者组成。能源室的主要研究领域是能源系统分析、建筑节能技术及节能标准标识。萨克拉门托是加州的首府，其市政公用机构——萨克拉门托城市公用事业部（Sacramento Municipal Utility District，SUMD）一项主要责任是负责该市农村地区的能源服务。南加州爱迪生电力公司负责加州南部地区的电力供应，包括电力生产和电力输配[38]。

2.1.5　美国农村能源政策——法律引导，经济激励

美国为了实现"全方位"能源战略，制定了很多成效显著的能源法律和政策。从 1978 年美国《公共事业监管政策法案》发布以来，就允许分布式发电加入电力市场竞争，分布式发电用户可以将多余的电量卖给当地的电力公司，进入公共市场。并对此类项目在政策、简化审批、信息服务等方面提供法律法规支持和技术支持。在进入市场后，通过设立公共收益基金、可再生能源发电配额等策略，创造市场需求，给市场公开的承诺，以此给投资者信心。同时制定激励政策，主要是财政激励，包括财政补贴、税收减免、低息贷款及其他一些短期的货币类补贴项目等，降低分布式发电成本，提高效益。对于利用化石燃料的分布式能源，通常采用"固定上网电价机制"或"平均上网电价机制"，并通过制定较低的上网电价，来引导分布式能源的能源综合利用，以达到提高能源利用率的目的。

1. 从法律上保证可再生能源的发展

美国政府一直积极发动各界力量研究和开发可再生能源。美国 2010 年发布的《技术与变革：美国能源的未来》指出，可再生能源，如风能、太阳能、水能、地热能和生物能，在未来的电力系统中会发挥重要作用，预计到 2020 年每年可以额外提供大约 500 万亿千瓦时的电力，到 2035 年，这个数字则增加到 1 100 万亿千瓦时。太阳能发电在美国的潜力最大，其次是风能。除了成本相对较高，技术层面两者扩展都不受限制。预计太阳能和风能提供的用电量在 2020 年能达到 10%，2035 年达到 20%。

美国之所以能在风能、太阳能方面取得世界公认的成就，并在生物质

能发电技术上进入世界先进行列，重要的原因是可再生能源技术的发展很久以来就得到国家法律和政策的支持和保护。例如，早在 1978 年美国《公共事业监管政策法案》中就规定，电力公司必须以"可避免成本"购买热电联产和可再生能源生产的电力。这一政策为可再生能源发电技术与化石燃料发电技术的公平竞争创造了条件，到 1992 年，在《能源政策法》中，进一步对可再生能源发展提出了要求，即到 2010 年可再生能源提供的能量应比 1988 年增加 75%；同时规定对可再生能源资源的开发利用给予投资税额减免，并授权美国能源部资助可再生能源的示范和商业化项目。

为了配合美国联邦政府可再生能源和节能法律法规的贯彻实施，美国一些州政府也相应出台了有关的地方法规，以促进本地区可再生能源和节能技术的发展，主要有可再生能源配额制、系统效益收费、电网强制收购等政策。可再生能源配额制是对电力公司的一种强制性政策，它要求电力公司必须向电力用户提供一定比例或数量的可再生能源电力，并对那些不能满足政策要求的电力公司制定了相应的惩罚措施。系统效益收费是州政府支持可再生能源发展的另一项有效措施，是根据电力系统效益加收一定的费用。电网强制收购是近年来恢复实施的一项政策，它要求电力公司对于技术、规模和地点各不相同的可再生能源项目所生产的电力电量，必须按照不同的电价水平进行收购，从而保证了各种可再生能源技术都能获得比较合理的投资收益，为可再生能源的发展创造了更加优越的政策环境。

美国《农场法案》对生物质能源的财政投资规定：美国《农场法案》每 5 年制定一次，是联邦政府农业财政支出的依据。2008 年《农场法案》是美国新能源支持政策的转折点，自此以后，美国生物质能源政策重点开始向非玉米生物燃料（以纤维素乙醇为主）生产转移，并扩大实施范围。按照 2008 年《农场法案》的授权，2008~2012 年美国政府对生物质能源计划补贴 27.76 亿美元，其中"强制补贴"10.42 亿美元，"相机补贴"17.34 亿美元；实际使用资金 19.86 亿美元，主要投资去向为：生物质能源作物援助计划 9.24 亿美元，生物燃料提炼厂援助计划 3.20 亿美元，农村能源项目（rural energy for America program，REAP）2.96 亿美元，先进燃料生物能源计划 2.60 亿美元，以及其他用途 1.86 亿美元。美国 2014 年《农场法案》虽然将"强制补贴"降至 8.80 亿美元，但在生物质能源市场项目、生物质能源精炼援助项目、生物质能源农作物援助项目等方面增加了补贴额度，并要求联邦政府机构采购生物质能源的量必须达到某一目标[39]。

2. 经济激励政策引导产业良性发展

1）补贴政策

第一种补贴政策是投资补贴。美国过去曾对风力发电投资者实行过15%投资补贴，但现在已停止使用。对投资者进行补贴的优点是可以调动投资者的积极性，增加生产能力，扩大产业规模；缺点是这种补贴与企业生产经营状况无关，不能起到刺激更新技术、降低成本的作用。第二种是产出补贴，即根据可再生能源设备的产品进行补贴。中国目前还没有这种补贴政策。这种补贴的优点是显而易见的，即有利于增加产品产量、降低成本，提高企业的经济效益，这也是美国加州目前正在实施的一种激励措施。第三种是对消费者（即用户）进行补贴。这是中国广泛采用的一种刺激措施。除了在推广太阳能设备、微型风力发电设备中广泛采用外，在农村户用沼气池、高效率柴灶和其他生物质能技术试点示范也曾广泛采用。美国加州对购买光伏系统的用户也采取了类似的鼓励措施。这一政策的理论依据是：通过刺激消费，达到扩大市场需求的效果，反过来带动生产能力的扩大，进而达到降低成本的目的。但实践证明，这一目标的实现具有很大的不确定性。因为就可再生能源而言，只有当消费市场足够大时，才可能达到目的，而足够大的消费市场需要大量资金，仅仅靠补贴则是难以实现的。

2）税收政策

美国对可再生能源发展规定了技术开发抵税和生产抵税两种抵免企业所得税的措施。美国可再生能源生产税为生物质发电提供了1.8美分/千瓦时的税收减免政策，同时秸秆纤维素乙醇项目也都享受税收补贴或者减免。

这是美国应用最多的经济政策，实际上有两种不同的税收政策：一种是税收优惠政策，如减免关税、减免形成固定资产税、减免增值税和所得税（企业所得税和个人收入税）等。从理论上说，减免税收不需要政府拿出大量资金来进行补贴，只是减少一部分中央或地方的收入，而且，目前可再生能源产业规模小，不会对全国税收平衡构成影响，因而易于实施。只是由于大多数税种不进入生产成本（关税例外），只影响企业产品的销售价格和企业的经济效益，因而实际上对鼓励企业改进生产制造技术、提高效率、降低成本没有直接的作用。这就是为什么一旦这种优惠政策取消，有些可再生能源技术和产业便生存不下去。另一种是强制性税收政策，如对城市垃圾和畜禽场排放的污水等物质，实行污染者付费的原则。各国的实践证明，这类政策，尤其是高标准、高强度的收费政策，不仅能起到鼓励开发利用这类资源的作用，还能起到促进企业采用先进技术、提高技术水平的作用，因而也是一种不可或缺的刺激措施。应指出的是，税收减免政策的目的在于促进技术进步和技术的商业化，因而应对什么企业进行减免和减免税收后应达到什么样的目标，则是实施这一政策首先必须明确的问题。

3）价格政策

由于可再生能源产品成本一般高于常规能源产品，所以世界上许多国家都采取了对可再生能源价格实行优惠的政策。美国《能源政策法》中规定，公用电力公司必须以可避免成本收购可再生能源电量，同时美国的一些州还采用按净用量收费的办法。这些实际上都是电价优惠措施，在中国，原电力工业部也就风力发电上网电价制定了较优惠的政策。美国的电价优惠政策覆盖了所有的可再生能源发电技术，相关规定是由联邦政府以法律的形式签发的。理论分析和实践都已证明，价格优惠是一项非常有效的激励措施，只要应用得当，可以起到促进技术进步和降低成本的作用。

4）低息（贴息）贷款政策

贷款优点是可以减轻企业还本期利息的负担，有利于降低生产成本；缺点是政府需要筹集一定的资金以支持贴息或减息的补贴，贷款数量越大，贴息量越大，需要筹集的资金也就越多。因此，资金供应状况是影响这一政策持续进行的关键性因素。目前，美国已没有这类的贷款政策，中国的实施规模也很小，完全在可以承受的范围内。为了提高贴息贷款的经济效益，关键性的问题在于同步实施价格政策和补贴政策[40]。

2.2　欧盟国家农村能源发展经验

欧盟国家农业就业人口不到总就业人口的 5%，农民收入高，以中小型家庭农场或租赁农场为主，农业较为发达，机械化程度很高。大力发展可再生能源，走向低碳经济，生态环境与能源战略同步推进，持续发展可再生能源将长期处于欧盟发展战略的重要位置。欧盟国家为民众提供均等的能源服务，实施电网覆盖工程，可再生能源以中小规模为主。

2.2.1 欧盟国家农村能源战略——大力发展可再生能源,走向低碳经济

欧洲是世界上经济现代化过程开始得最早、物质生活水平最高的区域之一,但欧盟成员国大多数是能源匮乏的国家。欧洲一体化起源于西欧 6 国之间的能源合作,但能源问题一直是制约其国民经济发展甚至引发政治对抗和危机的主要因素。2000 年获得通过的《欧洲能源战略的新方案》指出,欧盟各国超过 70%的石油和 40%的天然气消费依靠进口。如果这种情况得不到改变的话,到 2020 年,这一数字将分别提高到 90%和 70%,供应中断和价格风险明显上升[41]。

生态环境与能源战略同步推进。生态环境战略的推进获得了日益增多的民众支持,其一是在 1987 年的单一欧洲法令改革中成为《罗马条约》的一部分,其二是环境保护被定义为横向战略,在其他战略领域中将其纳入考虑范围。变得举足轻重的环境战略与能源的使用密切相关,这为欧盟能源战略提供了新的内容,要求更清洁能源和新法规的出台,而这恰恰最需要各成员国的统一协作,而能源领域之外出现了新的强大联盟向前推动这个进程。

持续发展可再生能源将长期处于欧盟发展战略的重要位置。2008 年欧盟通过的《可再生能源指令》提出了可再生能源“20-20-20”的战略目标,即到 2020 年温室气体排放量比 1990 年减少 20%,可再生能源占总能源消费的比重提高到 20%,能源利用效率提高 20%。在此目标的基础上,欧盟各成员国相继制定了具有法律效力的国家可再生能源行动方案,规定了各国在不同时期的可再生能源的发展目标和实现路径,并且欧盟将以分布式发电为基础的智能电网认定为“未来低碳能源系统的骨干与支柱”[42]。

2.2.2 欧盟国家农村能源技术——加强能源技术开发,着重技术更新换代

大力发展新能源技术以实现能源发展战略。欧盟各国纷纷把发展新兴产业和鼓励能源科技创新作为重要的国家发展战略,并纷纷加大能源科技领域的研发投入。欧盟委员会制定的《欧洲战略性能源技术计划》提出了以新能源和可再生能源技术创新为核心的低碳能源战略和技术路线图。欧

盟各国已经各自形成能源科技核心竞争力：德国在太阳能、生物质能、能源互联网、电动汽车技术领域位居全球技术前沿；法国、芬兰、挪威等国家分别在核能、生物质能和水能领域具有核心竞争力。

智能电网的研究示范与电网设计的超前意识。欧盟更加注重与可再生能源发展相适应的电网的绿色化升级，同时力求实现智能化与绿色化的高度融合。德国、丹麦等国家已经开始在局部地区开展智能电网和能源互联网的研究与示范。德国化石能源发电设计运营也具有很大的灵活性，根据电力需求的竞价上网结果，常规电厂可以在瞬间提升或降低发电能力。德国因发展可再生能源而对电网进行升级改造，这体现了德国在电网建设之初的设计具有超前意识。尽管电力供应总在波动变化，但德国的停电时间是最短的。

通过技术改良获得经济可行性。例如，法国重视开发利用沼气作为农村的生活燃料并取得成功，现在又在积极推动厌氧技术的改良，从而能够更有效地利用禽畜粪便和有机废水生产生物能源。在政府的支持下，旨在开发农村生物能源的新技术在法国层出不穷。对于生物能源使用成本过高的问题，法国政府致力于支持对生物能源开发与利用的研究，设法降低生物能源的使用成本，以加速生物能源在法国的开发和使用。

2.2.3　欧盟国家农村能源产业——提高产业效率，推动能源转型

为民众提供均等的能源服务。欧盟各个地区能源资源禀赋不同，社会各阶层的经济条件存在不可避免的差距，但欧盟能源供给的一个主要目标是努力消除这些差异性，为不同地区、不同收入水平的城乡居民提供均等化服务，尤其要满足低收入家庭在热能、电力和运输等方面的基本需求。

实施电网覆盖工程。例如，法国农村消耗的能源主要通过燃烧薪柴、煤炭、动物粪便和生活垃圾等产生，这种简单的燃烧方法不仅产生的能量有限，资源消耗也相当大，还会造成环境污染。随着法国农村可持续发展政策的制定和贯彻，依靠技术进步促进农村资源合理开发利用已成为法国政府的工作重点，而改变农村能源结构则是其中重要的一环。政府加大对农村电力设施建设的投入，使电网覆盖全法国的各个村庄。政府还通过对

农业的各项补贴，保证农民用得起电。如今，电能已成为法国农村中取暖、做饭的首选能源，如在法国西部波尔多附近的村庄，许多农民的生活燃料都已经不再是传统的薪柴和牛粪了[43]。

可再生能源以中小规模为主。欧盟主要国家自 20 世纪 70 年代起即开始积极发展可再生能源。根据欧盟统计局（Eurostat）的数据，2014 年，欧盟 28 国可再生能源占最终能源消费的比重已达 27%，可再生能源发电占总发电量的 15%，居世界领先地位。值得注意的是，与美国主要依靠大规模水力发电不同，欧盟的可再生能源发电以分散的中小规模的太阳能、风能、生物质能、地热能为主，因而发展基于分布式发电的智能电网更加符合其现实需要。

政府支持农村发展生物能源。例如，法国通过实施生物能源战略计划，从而成为欧洲液体生物燃料的第一生产大国。扩大能源型作物种植，既能解决农业种植面积过剩问题，又可实现能源来源多样化。法国农村用于种植生产液体生物燃料作物的农田面积达到 100 万公顷。法国政府还出台了一系列措施，鼓励并推动生物燃料和其他可再生燃料在交通运输中的使用，逐步提高生物燃料的消费比率[44]。

2.2.4　欧盟国家农村能源模式——发挥企业主体地位作用，调动民众参与度

创新发展模式，发挥企业主体地位作用。欧盟重视以企业为主体的能源技术平台合作，通过欧盟技术平台提出的远景和计划同时影响欧盟、成员国和地区的产业和研究政策，对于协调各层面的行动发挥重要的作用。一方面使欧盟和各成员国的研究计划与产业发展的需求联系更加紧密；另一方面也让欧盟和各成员国的研发计划更好地撬动社会资源投入重大战略能源技术的研发中。

发展可再生能源需要民意支持。德国可再生能源电力的发展方向和思路值得肯定，其成功经验在于政府的大力支持、民众的理解与参与、立法的保障、资金的扶持以及产业的驱动。可再生能源的发展在德国得到了民众的理解和大力支持，多项民意调查研究发现，民众的支持度都超过 90%，这也体现了民众对绿色生态文化的追求。德国在较短时间内促进可再生能源的发展，向电网出售电力的个体人数占比达到 2%，这不仅解决了家庭

自用电,也是一项重要的收入来源[45]。就欧盟总体看,德国即期电价相当低,但消费者的电费账单最高,因为电费账单中包括了可再生能源电力附加费。一个有趣的现象是,电力即期市场批发价格节节走低,终端电力售价却节节上升,民众愿意承受这种高电价,应该是德国的成功经验之一。德国并不是太阳能丰富的国家,但近年光伏发电获得了空前的发展。一方面是由于光电上网电价比较高;另一方面是由于太阳能板价格的下降,更为重要的是居民家庭从政府的措施中得到了实惠,田间、屋顶、空旷地带等充分利用,除了满足自己的用电需求,也带来不菲的收入。实际上,这一轮的可再生能源发展浪潮,基本是由个体在政府政策引导下自发发展起来的。能源产业所需投资巨大,由于有了民众的支持,政府只需有限出资,就能带动大量资本投入。这种成功的做法,值得我们制定和执行产业政策时借鉴。

2.2.5　欧盟国家农村能源政策——强调利用效率,促进可持续发展

欧盟在可再生能源的发展上,政府的引导和扶持起步较早,在经济运作和技术革新以及增加社会认识程度等方面都积累了经验,可作为我国可再生能源发展的很好借鉴。欧盟对发展生物质能作为重要的可再生能源予以重视,认为对投资者长期有效的政策保障是首要因素,其次是政策目标的具体实施方法。

1. 政策和立法

在战略规划及政策法规的制定上,欧盟国家的能源转型战略不仅规定了转型的中长期目标和实施政策,还持续重视能源立法及体制机制设计。欧盟成员国总体经济水平较为发达,能源消费比较高。在能源消费结构中,石油消费占主导地位,其中 80% 的石油依靠进口。为减小能源的对外依赖,1997 年欧盟发布了《欧盟战略和行动白皮书》,要求到 2010 年欧盟 12% 的能源消费要来自可再生能源。2001 年欧盟发布了《促进可再生能源电力生产指导政策》,要求到 2010 年欧盟电力总消费的 22% 来自可再生能源。2003 年欧盟又发布了《欧盟交通部门替代汽车燃料使用指导政策》,要求生物液体燃料,包括生物柴油和乙醇,在汽车燃料消费中的比例:2005 年为 2%,

2010 年为 5.57%，2015 年为 8%。德国等从立法的角度详细规定了新能源的发展目标，并在电力企业对新能源的利用、可再生能源电力上网等方面提出了技术路径选择和完善配套立法，典型例子包括欧盟发布的《能源2020 战略》《2050 年迈向具有竞争力的低碳经济路线图》，德国的《电力入网法》、《能源经济法》和《新能源和可再生能源电力立法》等。能源转型的战略规划和法律文件提高了能源政策的前瞻性、连续性、可操作性，并保证了实施效果，为能源转型提供了坚实的政策基础[46]。

【专栏一】

　　世界上第一部可再生能源法律文本是 2000 年德国议会通过的《可再生能源法》。该法全面、深入、细致地考虑了可再生能源电力的发展，是世界可再生能源立法领域的典范。在此后的 10 多年间，德国根据其可再生能源发展的实际情况，分别于 2004 年、2008 年、2012 年、2014 年对《可再生能源法》进行了修改和完善，法律条款由最初的 12 条扩充为66 条，形成了较完备的框架。德国《可再生能源法》通过规定政府保证以相对较高的价格收购可再生能源，实施强制性可再生能源配额制度，不断提高经济支持力度，具体规定生产单位补贴办法等内容，帮助和支持经营生物质能源的中、小企业发展，从而有效地推动了可再生能源的开发利用。

2. 通过投资补贴，支持生物质能的开发

瑞典从 1975 年开始，每年从政府预算中支出 3 600 万欧元，支持生物质燃烧和转换技术，主要是技术研发和商业化前期技术的示范项目补贴。从 1997 年到 2002 年，对生物质能项目提供 25%的投资补贴，5 年总计补贴 4 867 万欧元。

3. 征收高额燃油税，免征可再生能源税

欧盟国家能源政策的核心是能源环保和可持续发展。因此，欧盟成员国希望通过高燃油税来降低尾气排放量，并大力发展低耗能"清洁车"。从 2004 年 1 月开始，新的燃油税最低标准比以前提高近 25%。普通汽油税从每千公升 337 欧元提高到 421.5 欧元，柴油税从 245 欧元增加到 302 欧元。如果把这一最低标准折合成人民币，每升汽油的燃油税要比目前我国最高的汽油价格还贵。但欧盟各国都对可再生能源的利用免征各类能

源税[47]。

欧盟和我国发展生物质能的起因、政策取向、技术水平不同，致使我国和欧盟在发展生物质能上存在很大差异。欧盟发展生物质可再生能源的起因是能源危机和环境问题。我国作为一个农业大国，解决农村边远地区的能源短缺和环境问题，是发展农村可再生能源的动因。欧盟制定能源政策的核心是注重能效和可持续发展；我国能源政策的重点是能源供给与开发。欧盟的技术开发注重技术更新，加大规模，形成规模效应以增加市场竞争力；我国农村可再生能源的技术开发关键在于可适应多样性的条件，降低成本，为农户提供方便清洁的低价能源。欧盟形成了能源法、政府扶持政策、政策目标的保障措施相配套的系列体系。政策法规落实的通道是贯通的。我国自 2006 年 1 月 1 日起实行的《中华人民共和国可再生能源法》，同时也规定了相应的财税扶持政策，如弹性亏损补贴、原料基地补助、示范补助、税收优惠等，但具体的配套执行措施还有待进一步完善。

欧盟各国主要采用两种方式推动生物质能源产业的发展：一是生物质能源免税。例如，瑞典和芬兰对生物质能开发项目免征所有种类的能源税，同时提高了对化石能源的税收。1990 年芬兰首先引入以碳为基础的税收政策。德国主要采用低税率政策激励沼气等生物质能源发展。二是实施差额碳税政策，对化石能源征收高额碳税，而对生物质能源免征碳税，以激励生物质能源产业化发展。例如，意大利于 1999 年推出碳税政策，煤炭的税收最高，其次是石油，天然气最低，而生物质能源不征收碳税，并将碳税的收入投资到可再生能源项目。丹麦从 1993 年开始对工业排放的二氧化碳进行征税，并将税款用来补贴秸秆发电等可再生能源的研究。

2.3　日本和中国台湾农村能源发展经验

2.3.1　日本和中国台湾农村能源战略——以能源安全为重

日本和中国台湾是典型的海岛型经济体，除水能、地热能之外，其他具有开采价值的能源蕴藏量都十分匮乏，一次能源非常有限，如石油、煤炭、天然气等原料均依赖进口，能源对外依赖度较高，因此对能源安全问题格外重视。

日本能源战略设计意图明确,对外进口的化石能源,强调加强国际合作,寻求多元化供应方;对内打造节能型社会和灵活的消费模式,高效有序地利用化石能源,坚持有序开发可再生能源,推动电力体制改革,重塑核能政策,并且着眼于未来的氢能等二次能源以及可燃冰等新能源的开发利用,全力打造多元化、多层次的供需体系,建立新型的能源市场,并且通过技术进步和创新打造新的能源行业。2014 年,日本更新了《战略能源方案》,其基本原则是坚持以安全为前提的能源供应,坚持能源的经济性和能源效率,节能减排,立足全球视野,保障经济增长。日本计划建立一个多层次、多元化的能源供需体系,实现在紧急情况下也能保障供应的灵活能源结构。最新的能源战略将可再生能源放在了首要位置,其次是核电,这也显示了日本发展可再生能源的决心。尽管可再生能源电力成本高并且具有波动性,但作为国内能源安全供应的重要资源以及清洁绿色能源来源,将受到大力扶持。具体的政策方针是"加强电网升级、合理调度和监管、促进技术研发、降低生产成本"。最新的《战略能源方案》中对核电的定位也十分明确,日本将核电视为廉价低碳的准国内能源资源,在日本能源安全体系中占有重要地位。在考虑能源供应稳定、能源价格、全球变暖以及维持核电技术和人力资源等因素后,日本政府将把核电的比例控制在一定的范围之内,这表明日本并没有全面弃核的战略意图。

中国台湾 99.2% 的能源依赖进口,客观条件和日本一样。台湾其他自产能源同样很少,全岛可再生能源的潜力发展极度受限,主要原因是面积小、山地多、人口密度大。台湾的水力发电自第一次国际石油危机发生后,便有相当程度的开发,但在比重中仅占了极小部分,多数可以使用的水力发电场所均已开发完毕;风力和太阳能发电的适合地点也十分有限。最好的风力发电地点应该在南部,但该区域的人口与用电量反而相对少,因此在南部开发再生能源还需要良好的运输或电力传送设备作为配套,这无疑增加了风力发电的整体成本。发展离岸的风力发电系统又会面临夏季台风破坏等更难以克服的技术层面挑战;台湾核电占台湾能源供给的 8%~10%,位于石油、煤和天然气之后,占电力供应的 16%~20%,仅次于燃煤和燃气发电。核电在岛内能源供应和电力供应中的比重并不高,但核电具有供应稳定、产能利用率高、原料供应不易受制于人等优点,可保障台湾能源多元化,能够保障台湾地区的能源稳定供应。受福岛核事故的影响,台湾民众反核呼声不断，为达非核家园目标，台湾当局设定了 2025 年光伏累积装置达 20 兆瓦的目标。

2.3.2　日本和中国台湾农村能源技术——新能源与节能并举

日本从 1974 年开始执行"新能源技术开发计划"，努力发展包括太阳能、地热、煤液化和气化技术、合成天然气、风能和潮汐能等在内的各种新能源。1993 年，日本又实施了规模庞大的"新阳光计划"，加大了对能源领域的技术开发，极大缓解了日本对石油的依赖。在能源消费结构中，石油所占比例从高峰时的 77%降到了 51%，天然气比重从 2%提高到 13%，煤炭占 17%，核能占 13%，水能占 4%，地热、太阳能等新能源占 2%，极大减少了对石油的依赖程度。福岛核事故发生后，日本曾一度关停了全部54 座核电站。面对今后严峻的电力供应形势，日本持续加大开发力度，意图在新能源及高效能源转换技术的研究领域实现重大突破，"一劳永逸"地解决能源问题。目前正在攻克光伏电池、超导送电储能、海流发电、热泵应用等四大关键技术，并希望其成为 21 世纪日本的"终极"能源技术。在能源技术的研发方面，一是注重节能技术研发，日本在国家预算中设立了专用资金，以支持企业节能和促进节能的技术研发。2000 年日本支出的节能技术研发费用高达 622 亿美元，居国际能源署成员国的首位，2007 年节能研发预算资金规模高达 1 100 亿日元。二是十分重视新能源技术的研究。为了改变能源结构和节能减排，日本先后制定了"阳光计划""新阳光计划""新能源基本计划"等大规模长期开发计划，并将新能源技术作为国家科技创新的重点领域之一。

中国台湾为免受能源输出国控制，有必要在发展替代能源的同时，积极开发可再生能源技术，使其成为下一代能源技术重要输出地。台湾可再生能源的发展尽管已经取得了一定成就，但仍面临不小的挑战。以风力发电为例，随着陆地开发逐渐饱和，风能开发将逐渐由陆地延伸至海洋，但海洋风电投入资金巨大，有效降低风力机制造及风塔建造成本，以及风场开发风险十分必要。另外，如地热开发，对深层地热开发技术需求更是产业未来技术发展的关键因素。总体上，台湾可再生能源未来仍将朝降低能源开发成本方向进行，最终希望能够超越一般化石能源发电成本，达到所谓市电同价的黄金交叉点，从而普及可再生能源。

2.3.3 日本和中国台湾农村能源产业——适合环境与城乡一体

2015 年日本终端能源消费结构中，油制品占到了一半，其他主要还有电力、城市燃气、煤制品和热力等，分别占 25%、8%、8%和 6%（图 2-3）。

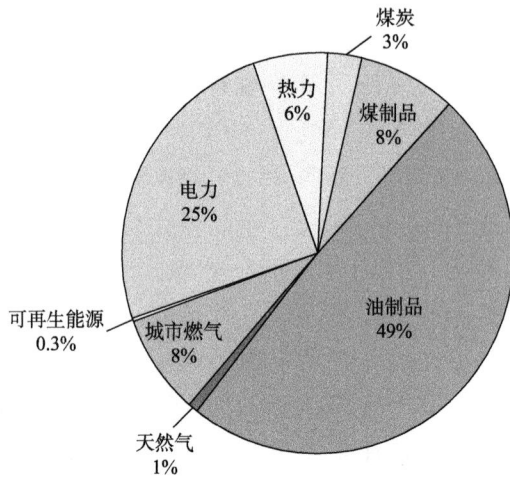

图 2-3　2015 年日本终端能源消费结构
由于四舍五入，部分数据存在误差

日本的城乡二元化结构不明显，农村能源主要包括农业、林业、渔业，但林业和渔业的能源消费相对于农业来说非常少。因此，农村能源可分为农业生产用能和农村家庭用能两部分。图 2-4 显示了日本农村生产用能情况，1990~2015 年，日本农村生产用能持续减少，到 2015 年只有 779 万吨标准煤，比 1990 年减少了 2 倍多，终端能源消费占比也只有 2%左右。农村生活用能没有相关统计数据，只有从全国的生活用（假设城乡用能相同）能乘以农村人口的占比而估算获得。表 2-3 是 2010~2015 年日本农村生活用能估算表。由于日本农村人口较少，只占全国人口的 4%~5%，农村生活用能也就占终端能源消费的 0.5%~0.8%。

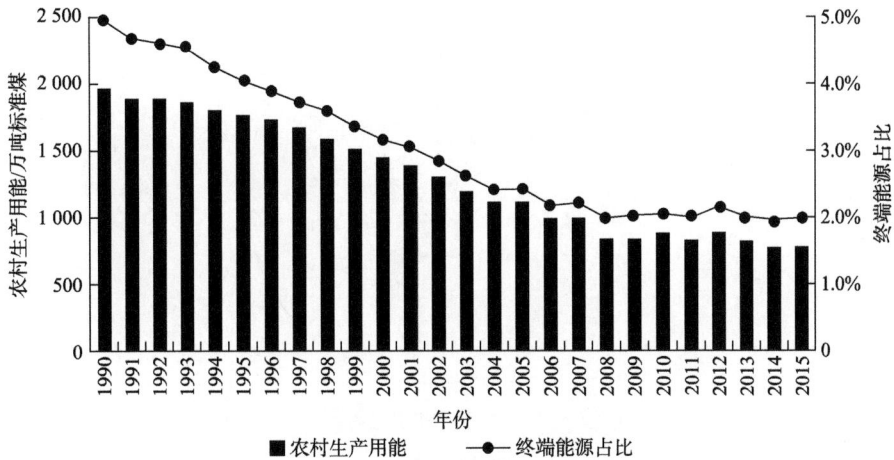

图 2-4　日本农村生产用能情况

表 2-3　2010~2015 年日本农村生活用能估算表

类别	2010 年	2011 年	2012 年	2013 年	2014 年	2015 年
日本全国人口/万人	12 806	12 780	12 752	12 730	12 708	12 710
日本农村人口/万人	650.3	616.3	586.5	562.4	538.8	488
农村人口占比	5.1%	4.8%	4.6%	4.4%	4.2%	3.8%
日本生活用能/万吨标准煤	6 370	6 101	6 051	5 896	5 674	5 489
日本农村生活用能/万吨标准煤	323	294	278	260	241	211
终端能源消费占比	0.8%	0.7%	0.7%	0.6%	0.6%	0.5%

从消费结构上看（图 2-5），2015 年的农村生产用能主要以油类为主，约占 81%，电力和天然气分别约占 16% 和 3%，煤炭和可再生能源没有使用。油品占比高也说明了日本农村生产机械化程度高，同时农作物种植及畜禽养殖的规模化，其终端能源利用主要是电力和油类。农村生活用能主要利用电力，约占 52%，其次是石油制品和城市燃气，分别约占 26% 和 21%，可再生能源约占 1%。日本农民生活非常富裕，家用电器齐全，家家户户基本以用电为主，油品主要用于冬季取暖时习惯使用的"灯油炉"，城市燃气主要用于做饭和烧水等。

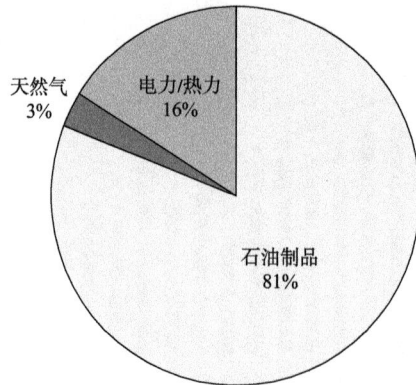

（a）农村生产用能结构

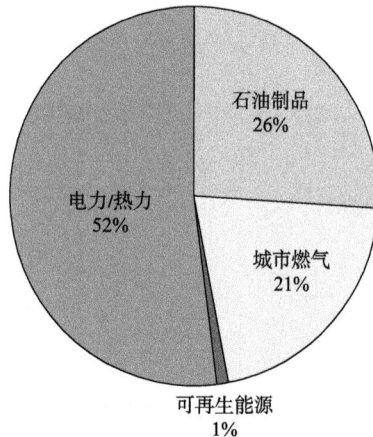

（b）农村生活用能结构

图 2-5　日本农村生产和生活用能结构

2015 年中国台湾终端能源消费结构中，以电力和石油产品为主，分别占 62.4%和 21.9%；其次是煤和天然气，分别占 10.9%和 4.2%（图 2-6）。

中国台湾农村生产用能情况图 2-7。2001~2004 年农村生产用能逐年递增，2005 年开始呈下降趋势，2009 年后基本稳定在 10 亿升标准油上下。峰谷值分别为 2004 年的 16.57 亿升标准油和 2010 年的 9.44 亿升标准油，变动率 43%。终端能源消费占比在 2004 年达到峰值 2.14%，随后下降，2009年后基本稳定在 1.2%左右。随着经济发展和农业角色的调整，农业人口向制造业和服务业转移。台湾城市化程度已相当高，2015 年从事农业生产的农民仅 55.5 万人，比 1996 年减少了 39.5%，占农村人口的 10.2%，总就业人口的 5%。农村人口与农村生活用能在终端能源消费中的比重都在逐年

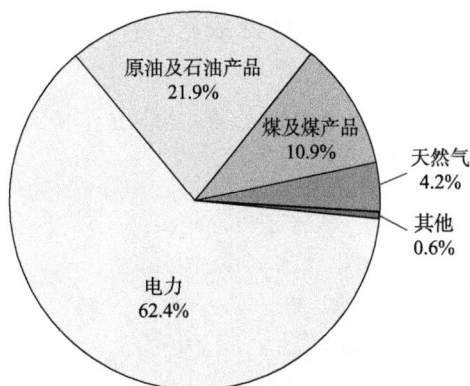

图 2-6　2015 年中国台湾终端能源消费结构

其他中包括：热能 0.3%，生物质能及废弃物 0.2%，太阳热能 0.1%

下降（表 2-4）。

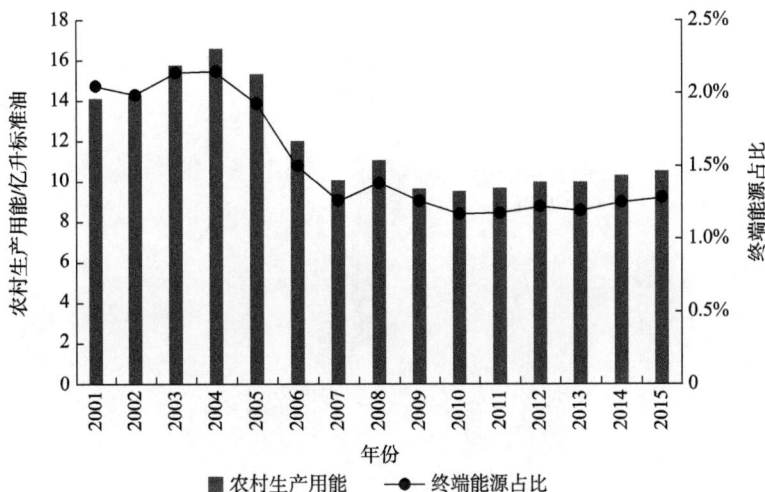

图 2-7　中国台湾农村生产用能情况

表 2-4　中国台湾农村生活用能及终端能源比重

年份	2010 年	2011 年	2012 年	2013 年	2014 年	2015 年
台湾省总人口/万人	2 320	2 326	2 330	2 334	2 336	2 338
台湾农村人口/万人	585.9	576.8	567.9	559.1	550.4	541.7
农村人口占比	25.3%	24.8%	24.4%	24.0%	23.6%	23.2%
台湾生活用能/亿升标准油	122.34	124.86	121.21	120.84	124.38	122.91
台湾农村生活用能/亿升标准油	30.90	30.96	29.54	28.95	29.30	28.48
终端能源消费占比	3.8%	3.7%	3.6%	3.5%	3.5%	3.4%

从消费结构上看（图 2-8），2015 年农村生产用能的 62.7% 为电力，37.3% 是原油及石油产品。与日本相似，中国台湾农村生产规模化、机械化程度高。农村生活用能以电力为主，占 82.4%，其次是油类和天然气，分别占 10.2% 和 6.6%，太阳热能占 0.9%。

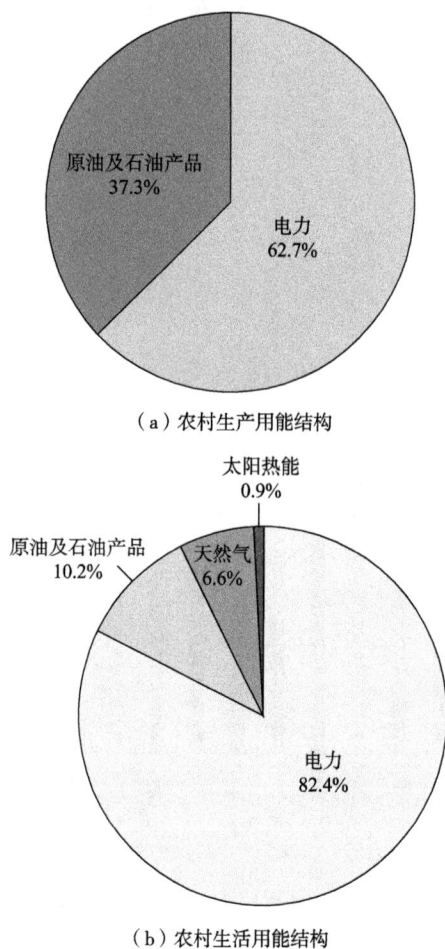

（a）农村生产用能结构

（b）农村生活用能结构

图 2-8　中国台湾农村生产和生活用能结构

由于四舍五入，部分数据存在误差

2.3.4　日本和中国台湾农村能源模式——因地制宜及市场原理

日本能源贸易工业部于 2004 年发布了《2030 年长期能源规划》，进一步强调分布式能源。根据该规划,2030 年前日本分布式能源发电量将占总电力供应的 20%。日本的分布式发电以热电联产和太阳能光伏发电为主,总装机容量约 36 吉瓦,占全国发电装机容量的 13.4%。近年来,日本热电联产装机容量快速增长,到 2012 年已达到 9.5 吉瓦,年发电量占日本年发电量的 3.5%。其中,以天然气为原料的热电联产装机容量占热电联产总装机容量的 49%。自从福岛核危机发生后,为解决生活用电保障,主要以天然气为燃料的家庭式小型热电联供机组得到进一步推广。2008 年日本经济贸易产业省预计,到 2030 年热电联产装机容量可能达到 16.3 吉瓦。日本光伏分布式发电应用广泛,不仅用于公园、学校、医院和展览馆等公用设施,还开展了居民住宅屋顶光电的应用示范工程。到 2011 年底,光伏发电是日本除水电外装机容量最多的可再生能源发电技术,已达到 4.97 吉瓦。未来,随着日本改变依靠核能的能源战略,为了填补核电退出后的电力供应问题,尽快形成电力供应能力,小微型热电联产系统将进一步得到推广,太阳能光伏将得到大力支持,分布式能源发展将是其主要方向。

中国台湾分布式光伏电站以 20 年固定上网电价作为保障,投资收益率确定性较强,一般以光伏能源技术服务的模式进行开发运营,融资方面鼓励商业银行建立专案融资机制,引入财产保险和信用担保,有效控制投资风险。台湾地区主要实施标杆上网电价模式:一是业主自行负责电站开发投资,并委托能源技术服务公司负责设计、施工建设,业主拥有电站所有权和售电收入。能源技术服务公司可以通过提供 20 年质保维修等方式协助业主获得融资。二是能源技术服务公司向业主租用屋顶,并提供全方位服务,包括设计、施工、保证发电,以及部分或全额负担电站融资。业主可以通过出租屋顶获取一定的收益,也可以与能源技术服务公司共同出资开发光伏电站,双方按比例分享售电利润。其他模式还包括合同能源管理模式、能源技术服务公司仅提供技术咨询等。

2.3.5　日本和中国台湾农村能源政策——计划引导和法律规范

日本非常注重能源的节能和高效,完善生产过程中各个节能环节,并通过立法强制节能。早在 1979 年日本就出台了《节约能源法》,限制或停止高能耗产业的发展,鼓励其向国外转移。其后,又相继出台了《再生资源利用促进法》《容器包装回收再利用法》《家电回收再利用法》《循环型社会形成推进基本法》《建筑材料回收再利用法》《汽车回收再利用法》等专门性法规文件。此外，为不断完善制度保障，日本政府建立了4级节能管理体系：以首相为首的节能小组、以经济贸易产业省及地方经济产业局为主干的节能领导机关、负责节能工作的28家节能中心以及各企业定期上报能源利用状况报告并接受经济产业局的节能检查。此外，日本还不断强化节能教育，节能观念已深入人心，从企业到民众的节能意识都很强。目前日本已经有约16万个家庭建起了太阳能系统，企业不断加强节能技术创新，大力开发节能产品，如空调、冰箱、电视、暖炉、燃气炊具、热水器和电子计算机等。日本制定了相关的法令和优惠政策保证分布式能源的发展，包括放宽对分布式能源的管制；对城市分布式发电单位进行减税或免税；通过优惠的环保资金支持分布式发电系统的建设；鼓励银行和财团对分布式发电系统出资和融资。2012年新的《可再生能源法案》确定了可再生能源发电的上网电价，太阳能、风能和地热发电的上网价格约是火电或核电价格的2~4倍，以期促进光伏发电、风电和生物质发电等可再生能源发电的发展，这也间接促进了分布式能源的发展。同年的《夏季电力供需方案》中提出，日本将建立"分布式绿色电力销售市场"，以鼓励小规模发电商和独立电力系统进入电力市场，小于1000千瓦的发电系统和热电联产项目也能够随时销售其多余的电量，并且减免了原先的接网费。

　　中国台湾在2009年出台了《可再生能源发展条例》，制定6.5~10.0吉瓦的可再生能源补贴总量目标，设立可再生能源发展基金以保障补贴资金来源，规定可再生能源电力并网和全额收购强制义务，并对可再生能源电力实行标杆上网电价统一收购的制度。上网电价执行期限为20年，光伏电站的上网电价采取项目完工时趸购费率基准和竞标机制相结合的方法，根据电站类型和装机容量等级规定上网电价的上限费率。台湾的标杆电价制度使分布式光伏不存在自发自用比例变化导致收益率不确定的风险，有利于稳定电站项目收益率。台湾光伏电站上网电价分为4类，以分布式屋顶光伏电站为优先推广类型，30千瓦以下的屋顶光伏电站可免于竞标而直接获得上限费率电价，分布式屋顶光伏电站的上网电价远高于地面电站。目前台湾可再生能源以风电和太阳能光伏为主，计划到2030年达到"千架海陆风力机"及"阳光屋顶百万座"的主要愿景。为此，专门设立推动办公室，主要为整合相关资源，针对设置障碍提供专业服务，提供岛内业者、县市当局以及承装业者完整解决方案，以加速推广设置效果。

发达国家和地区农村能源发展对比分析表见表 2-5。

表 2-5　发达国家和地区农村能源发展对比分析表

研究层面	美国	欧盟	日本	中国台湾
农业人口	美国有 3 亿多人口，其中住在农村地区的人仅占约 2%，直接从事农业生产的人不到 1%	欧盟农业就业人口不到总就业人口的 5%，农民收入高	日本农村人口只占全国人口的 4%~5%	中国台湾农业人口占全省人口的 6%
农业生产水平	是世界第二大粮食生产国，仅用全国人口 2%的农业劳动力就生产了世界 1/5 的粮食，以高度商业化的家庭农场为基础	中小型家庭农场/租赁农场。以德国、法国为代表，农业发达，机械化程度很高	精准农业，机械化水平高，以小规模个体经营农户为主，兼业农户比重大	精准农业，农业标准化水平高，以小规模个体经营农户为主
农村能源战略	全方位能源战略，出现以能源效率不断提升、页岩气产量剧增以及可再生能源规模不断扩大为代表现象的能源革命	大力发展可再生能源，走向低碳经济，生态环境与能源战略同步推进，持续发展可再生能源将长期处于欧盟发展战略的重要位置	强调加强国际合作，寻求多元化供应方；对内打造节能型社会和灵活的消费模式，高效有序地利用化石能源，坚持有序开发可再生能源，推动电力体制改革	海岛型经济体，一次能源非常有限，如石油、煤炭、天然气等原料均依赖进口，能源对外依赖度较高，注重能源安全
农村能源技术	高度重视生物质技术的开发利用，扶持新能源产业升级	大力发展新能源技术支持以实现能源发展战略，智能电网的研究示范与电网设计的超前意识，通过技术改良获得经济可行性	注重节能技术研发，日本在国家预算中设立了专用资金，以支持企业节能和促进节能的技术研发。十分重视新能源技术的研究	注重通过技术降低成本，朝着降低能源开发成本方向进行
农村能源产业	城乡能源消费结构差距不大，农场拥有完善的能源体系；重视农村社区的新能源开发利用；生物质和风电农业是美国农村能源建设的重点领域；分布式能源已趋于成熟，但仍旧有难题待解	为民众提供均等的能源服务，实施电网覆盖工程。可再生能源以中小规模为主。政府支持农村发展生物能源	农村生产用能主要以油类为主，占 81.4%，电力和天然气分别占 15.8%和 2.7%，煤炭和可再生能源没有使用。油品占比高也说明了日本农村生产机械化程度高	注重分布式能源的发展，注重农村固废资源的分类利用
农村能源模式	采取"政府部门政策指导，非政府部门广泛参与"的农村能源管理模式	创新发展模式，发挥企业主体地位。调动民众参与度	因地制宜及市场原理	业主自行负责能源开发投资和能源技术服务公司向业主租用服务并行
农村能源政策	从法律上保证可再生能源的发展，经济激励政策引导产业良性发展	政府的引导和扶持起步较早，征收高额燃油税，免征可再生能源税强调利用效率，促进可持续发展	立法强制节能。不断强化节能教育，节能观念已深入人心。制定了相关的法令和优惠政策保证分布式能源的发展	设立可再生能源发展基金以保障补贴资金来源，规定可再生能源电力并网和全额收购强制义务

2.4　发达国家和地区农村能源发展的成功经验和不足

2.4.1　战略引领——高度重视城乡农业统筹，多部门达成共识

随着城镇化、农业现代化、"互联网+"和智慧能源进程的不断推进，新业态的呈现对农村能源的服务水准提出了更高的要求。推动能源消费革命，适应新业态对能源的消费需求。发达国家城镇化水平很高，城乡能源均等化服务做得很好。法国能源政策的一个主要目标是努力消除城乡差异，为不同地区、不同收入水平的城乡居民提供均等化服务，尤其要满足低收入家庭在热能、电力和运输等方面的基本需求。日本农民非常富裕，享受与城市相同的社会福利和基础设施。

发达国家高度重视农村能源的发展，将农村能源战略放入国家的能源战略体系中统筹考虑，并注重多部门协作。例如，在法国，农村发展绝非农业部门一家之事，在工业、能源、交通、环境和财政等部门的文件中，为农村提供技术、资金支持的内容占了相当大的比重。利用工业进步，促进农村现代化建设和可持续发展正越来越成为法国各部门的共识。

2.4.2　技术驱动——能效技术突破，推动能源技术革命

能效关键技术的突破、农村新能源技术的开发和利用、能源基础设施工程设计等技术的有效驱动，引领能效变革，推动能源技术革命，带动产业升级。美国通过页岩气开采技术发展、优化，大大提高能源开采利用效率；日本大力支持企业节能和促进节能的技术研发，并将新能源技术作为国家科技创新的重点领域之一，使之成为能效利用率最高的国家；德国沼气技术世界领先，使其成为沼气大国；改革电力系统，建立适应分布式能源发展的分散式、智能型电网，如美国的智能电网和德国的新型电网。

2.4.3　产业转型——适时调整能源产业结构，引导革命性变革

受资源禀赋、气候环境、用能方式等的影响，各国和地区在不断探索能源转型之路，适时调整能源产业结构，进一步引导能源产业发生革命性变革。美国出现以能源效率不断提升、页岩气产量剧增以及可再生能源规模不断扩大为代表的能源革命，并对经济发展、能源安全等产生了广泛而深刻的影响；欧盟因化石能源匮乏，大力发展可再生能源，走向低碳经济；日本和中国台湾坚持有序开发可再生能源，重塑核能政策，并且着眼于新能源开发利用，全力打造多元化产业结构。

2.4.4　模式创新——能源供给、运营、参与模式创新，促进多方受惠

能源供给、运营、参与模式的创新，是推动能源供给侧和消费侧革命的有效抓手，是农村能源革命多方受惠的动力源。美国、欧盟等国家和地区不断推动能源供给转型，推崇多能互补，保障能源安全。在供给侧，美国私营企业占到固废垃圾处理70%的市场份额，市场上最大的参与者都是私营业主。在消费侧，美国很多州采用"电力互换"办法，在农户家里安装风电或太阳能装备，农户既是电力消费者又是电力生产者，在电力富余时将电"反哺"给电网，成为美国电力工业发展中的重要补充力量。德国可再生能源电力的发展方向和思路值得肯定，其成功经验在于政府的大力支持、民众的理解与参与、立法的保障、资金的扶持以及产业的驱动。多项民意调查研究表明，可再生能源电力的民众支持度都超过90%，这也体现了民众对绿色生态文化的追求。德国在较短时间内促进可再生能源的发展，向电网出售电力的个体人数占比达到2%，这不仅解决了家庭自用电，也是一项重要的收入来源。近年德国的光伏发电获得了空前的发展，居民家庭从政府的措施中得到了实惠，田间、屋顶、空旷地带等充分利用，除了满足自己的用电需求，也带来不菲的收入。德国可再生能源的发展浪潮，基本是由个体在政府政策引导下自发发展起来的。能源产业所需投资巨大，由于有了民众的支持，政府只需有限出资，就能带动大量资本投入。这种成功的做法，值得我们制定和执行产业政策时借鉴。

2.4.5　政策护航——法律和制度保障完善，为能源可持续发展护航

政策为能源产业及革命可持续发展护航。美国为了实现能源独立，制定了很多成效显著的能源法律和政策。美国、德国和日本的经验已经证明，在法律上明确分布式能源的地位，并给予确定的激励信号，是分布式能源发展的保障。美国从 1978 年《公共事业监管政策法案》发布以来，就允许分布式发电加入电力市场竞争，分布式发电用户可以将多余的电量卖给当地的电力公司，进入公共市场。补贴资金来源问题，根据美国和西欧的经验，一个是通过系统效益收费来筹；另一个是征收化石燃料税。德国确立了有保障的长期固定电价机制，并明确规定本地电网运营商对可再生能源发电的购买义务，确保其优先入网；通过税收补贴平衡电网运营商支付的费用。日本在农村能源方面的法律和制度保障也非常完善，并制定了一系列的财政、税收和价格等经济激励措施，并根据实情不断完善制度保障。

2.5　发达国家和地区农村能源发展对中国的启示

2.5.1　重视顶层设计，加强部门合作

重视顶层设计，将农村能源战略作为国家能源体系的重要组成。我国是农业大国，农村人口占总人口约 44%，农村能源消费量占全国能源消费总量近 20%。但我国农村能源是架构在城乡"二元结构"上的，独立于"城市能源"，长期游离在国家能源的总体框架之外。受政府能源部门设置以煤炭、化石、电力等常规能源为主的制约，农村能源一直难以进入能源建设的"主旋律"。随着生态文明建设和全面建成小康社会的现实要求，我国农村对能源的使用需求将更高，能源占比也会进一步加大。将农村能源战略纳入国家能源战略体系中，重视其顶层设计，体现农村能源革命的前瞻性、战略性和国家能源系统的配套性、操作性的统一，突出战略与战术、长远与当前、国家与地方的统筹协调，有效地指引农村能源革命战略发展。

加强部门间通力协作，打通农村能源发展快车道。农业、能源、财政、环境等管理部门需更加注重部门间的横向协作，共同制定农村能源战略目

标，并实施行之有效的部门法案及政策，通力协作共同推进农村能源发展，打通农村能源发展快车道。

2.5.2　引领能效变革，带动产业升级

我国需要在能效转换、多能互补等关键技术方面实现突破。加大农村能源科技创新力度，推动农村能源科技革命。加强农村生物质能源的开发利用，通过技术研发和产业化，充分利用农村富余的生物质资源发展清洁生物质能源；结合农村当地，特别是基础设施落后的贫困山区的自然条件和资源禀赋，通过分布式能源和微网技术解决当地农民的能源供应问题；要加大技术研发力度，重点攻克一批国际前沿的新能源关键技术，并通过产业应用逐步替代传统化石能源的消耗。

需要不断加强我国农村新能源技术的开发和利用。重点在生物质能源、固废利用，以及农村分布式能源的技术开发和应用等方面实现突破，进一步提高农村能源技术应用的可行性和经济性。同时以绿色低碳为方向，把能源技术及其关联产业培育成带动我国农村产业升级的新增长点。

需重视我国农村能源基础设施工程设计等技术水准。我国需进一步探索理念超前、应用灵活的农村能源基础设施工程设计等技术，包括小型分布式可再生能源和储能建设、智能电网及微网建设、电力需求侧管理以及电动汽车等新技术和措施的突破，以应对农村未来可再生能源和分布式能源比例大幅度提高，为能源电力系统转型提供高水准的基础设施平台，保障农村能源设施的可靠性和兼容性，避免因能源使用方式的改变造成农村能源设施的重复投资和无效投资。

2.5.3　多能互补，多方共促

推动能源供给革命，建立我国农村能源多元供应体系。大力优化能源结构，构建多轮驱动、全面安全的农村能源供应体系。着力发展农村非煤能源，形成煤、油、气、核、新能源、可再生能源多轮驱动的能源供应体系，同步加强农村能源输配网络和储备设施建设。深度挖掘多区域农村资源禀赋，大力发展分布式低碳能源网络，建立适应我国国情、农情、村情的多元供应体系。

全方位多方合作，保证开放条件下农村能源安全。推动能源转型、能源革命是人类社会生产力发展和文明进步的重要动力，需要全社会各阶层共同面对。创新农村能源建设与运营模式，坚定不移推进改革，还原能源商品属性，构建有效竞争的市场结构和市场体系，形成主要由市场决定的农村能源价格机制。

唤醒民众意识，做能源的消费者和生产者。一方面节约能源已成为第五种能源，需不断增强民众的节能意识，使民众做一名用能节能的消费者。另一方面，探索可再生分布式能源用于农民生活生产、多余能源上网出售的可行性，将生产与消费有机地结合起来，使人民受惠。

2.5.4　用能多样化，服务水准要求更高

我国城镇化进程不断推进，农村用能方式即将发生变革。大城市房价高企，人口趋向于向房价更低、生态环境更好的城郊甚至农村转移。同时，鼓励农民进城购房的政策也将进一步促进农民市民化，我国的城乡差距也将逐渐缩小。随着新型城镇化步伐不断加快，小城镇和农村居住人口对能源使用的安全性、可靠性和便捷性等方面也提出了更高的要求，用能方式即将变革。

农村新型业态，需要高质量的能源服务。《中华人民共和国国民经济和社会发展第十三个五年规划纲要》提出：积极发展农产品加工业和农业生产性服务业。拓展农业多种功能，推进农业与旅游休闲、教育文化、健康养生等深度融合，发展观光农业、体验农业、创意农业等新业态。农业机械化和生产生活方式的改变，需要更高质量的能源服务供给。

能源互联网模式有助于分布式可再生能源与金融的创新结合。我国分布式可再生能源的发展目前还受到各种因素的制约，融资难的问题一直困扰着行业发展。当前我国能源行业正进行着一场能源互联网+金融的创新探索，如果将基于能源互联网的融资模式用到农村能源上，能源互联网的实时数据将更加有力地支撑能源建设、运营各环节的标准化和透明化，更加有助于快速推进分布式可再生能源项目的开发、建设、融资、运营、维护、交易等环节的健康高效发展，也能促进"智慧农村"的建设步伐。

2.5.5　不断完善创新，保障可持续发展

启动农村能源领域法律法规立改废工作。对立法尚属空白的农村能源关键领域制定相应法律和政策，着力推进农网、油气和能源价格等重点领域改革，抓好重要法律法规的制定、修订工作，并废止已不适合民情的法律法规，为农村能源健康可持续发展保驾护航。

强化政策支持，注重系统效益和扶持策略。运用科学方法，注重政策的效益性，以政策带动更广泛民众和投资主体的参与力度。注重财税补贴策略，对可再生能源、分布式低碳能源的生产、利用和消费实行切实可行的支持政策。

注重政策的长效机制，适时调整扶持方向。加强组织协调，深入农村调研，充分论证农村能源的历史沿革、产业需求导向。统筹考虑经济、政治、文化、社会等各个方面，兼顾农民阶层的利益诉求，紧紧抓住事关农村能源全局、社会影响大的重点领域和关键环节，科学合理地制定相关政策，注重农村能源政策的长效机制，不断推进体制机制的创新与完善。

发达国家和地区的农村能源发展在战略、技术、产业、模式及政策方面有很多地方值得我们借鉴思考。但考虑到我国国情和发展阶段的不同，不能简单地照搬照抄，而是应该走具有中国特色的农村能源革命发展道路。

第3章 中国农村能源革命的方向——建设 分布式低碳能源网络

3.1 中国农村能源消费和资源分布

农村能源低碳化发展和变革离不开当地的具体条件,我国地域辽阔,农村地区的自然资源、社会经济发展水平差别巨大,农村能源革命必须结合各个地区农村能源的区域特征,因地制宜,构建可持续发展的低碳化能源网络。

根据 2016 年国家统计局数据,中国大陆总人口(包括 31 个省、自治区、直辖市和中国人民解放军现役军人,不包括香港、澳门特别行政区和台湾省以及海外华侨人数)为 13.827 1 亿人,其中,农村人口为 5.897 3 亿人,占总人口的 42.65%[48],我国农村人口集中在中东部地区,人口最多的省份是河南和四川。

随着农村经济社会的发展,以及城镇化的推进,农村人口社会风貌已经发生了巨大的变化。我国农村地区居民收入差异极大,总体来说,呈现出东高西低、南高北低的特征,浙江省最高,超过 2 万元,而西南地区最低,可支配收入只有 6 200 元/年。东南长三角和京津冀地区农村居民收入要明显高于其他区域[31]。

农村能源的消费与农业生产特征和农业资源密切相关,我国农村地区的能源消费方式中,大部分农村的非商品能源比例依然很高,特别是在东北农林业资源丰富和西南山区经济落后地区。

对于农村地区而言,受商品能源来源和价格的影响,煤炭特别是散煤的利用较多,京津冀、西南的四川和贵州、黑龙江等地,农村煤炭的消费量巨大[49],这些煤炭的消耗除了有能源效率低的缺点以外,还产生了大量的二氧化硫、氮氧化物和颗粒物等污染物，是我国大气污染物的重要来源。

同时我国天然气的消费主要集中在中西部和东部地区，其中，山东和河南的天然气消费量分别达到了 11 214.8 万立方米和 12 044.3 万立方米，另外新疆地区和四川地区也占了很大一部分消费比例，天然气消费比较匮乏的地区主要集中在西藏和豫南地区[32]。国际能源署发布的信息表明，我国天然气在一次性能源消费结构中的比例为 3.5%，远远低于 25%的世界平均水平。

天然气下乡已有充足的资源保障和完善的管网支撑。西气东输一线、二线及地方支线辐射范围不断增大，西气东输三线建设也在准备之中。同时，近几年我国陆续建成了覆盖县、市区乃至重点乡镇的区域管网。此外，农户用天然气主要是作为燃料，每户年均用气 80~100 立方米，用量不大，在整个天然气消费结构中所占比例很小，农用天然气资源保障是不存在问题的。启动天然气下乡这项惠民工程、绿色工程和环保工程，实施天然气下乡的资源和管网条件已经完全具备。

近几年来，新型农村社区建设步伐不断加快，大量村庄合并，大批农民集中居住，为实施天然气村村通工程创造了有利条件。根据中国科学院理化技术研究所天然气村村通工程项目设计建议书的研究论证，农村应用天然气在技术上完全成熟，安全上非常可靠，经济上合理可行。无天然气管网的地区可采取压缩天然气（compressed natural gas，CNG）或液化天然气（liquefied natural gas，LNG）方式对乡镇供气。据中国科学院理化技术研究所研究测算，农村改用天然气，每天每户比使用块煤、蜂窝煤节省 0.5~1.0 元，经济上比较合算。特别是实现天然气下乡后，如同电话、有线电视、自来水等实现村村通进入千家万户一样，意味着农民群众的时间成本、精力成本、环保成本和燃料成本大幅降低，使他们的生活方式、生活质量发生根本的改变。

而在电力消费方面，山东、湖北、河南和江浙一带农村地区的电力消费量达到较高水平，而新疆、西藏、青海、甘肃和内蒙古等地区电力消费量非常少，与中国中部和东部地区电力消费量形成巨大的地区差异。

目前，中国的农村电网仍然存在着网架结构薄弱、供电可靠性低、损耗高、电能质量差、设备落后、自动化水平低、电价水平偏高、改造资金缺口较大等落后现象。在一些农村地区依旧以小型水电站发电模式为主，使得有些地区发电方式单一。农村人口居住分散，变电站不足，目前的小型电网结构无法与大型电网联网，造成农村电网相对孤立的局面。在我国的甘肃、广西、贵州等一些山区农村相当的明显。在甘肃的甘南藏族自治州北部，地处偏远，海拔较高，人居分散，到目前还没建成基础电网。这些地区的农民得不到最基本的照明，更谈不上生产电力的发展了。社会主义新农村建设、村镇化建设以及"家电下乡"等政策的实施导致农村用电负荷快速增长，现有的农网供电能力和供电条件远不能满足农村日益增长的用电需求。

生物质能是太阳能在地球表层系统中的生物体内以某种形式存储的能源，这决定影响生物质能地理分布格局的主要因素是所处的自然生态地带和区域气候条件。例如，秸秆资源分布主要受到光和热的组合条件以及区域自然地理条件的影响，而畜粪资源则受地区草场情况和气候条件的影响[50]。秸秆资源受到自然气候状况、经济条件、文化习俗等因素的影响，因此秸秆分布具有明显的地域性。其分布格局与农作物的分布是一致的，黑龙江、河北、山东、江苏和四川五个省是作物秸秆分布最集中的区域，基本占全国的 36%以上。而天津、青海、西藏、上海和北京则为作物秸秆资源量最小的五个省（区、市）。而畜粪资源主要分布在养殖业和畜牧业较为发达的河南、四川、山东、河北和湖南五个省，这五省共占全国总量的 39.50%，其资源主要来源于大型牲畜和大型畜禽养殖场。我国的林木生物质资源主要分布在我国的主要林区，仅西藏、四川、云南三省（区）就占全国总量的 50.90%，黑龙江、内蒙古、吉林则占全国总量 27.41%。农村垃圾和废水资源是现代社会产生的生物质资源，因此其分布与农村人口、经济发展水平有紧密的相关关系，农村垃圾分布最集中的地区为广东、山东、黑龙江、湖北、江苏等五省，共占全国总量的 35.93%；而废水主要分布在广东、江苏、浙江、山东、河南五省，共占全国总量的 37.40%[51]。

我国可利用的生物质能源十分丰富，据初步普查，我国农业废弃物主要有：农作物秸秆，每年产量约 8 亿吨，折合约 4 亿吨标准煤；工业有机废水和畜禽养殖场废水资源理论上可以生产沼气 800 亿立方米，相当于5 700 万吨标准煤；薪炭林和林业及木材加工废弃物资源相当于 3 亿吨标准煤；城市垃圾发电每年可替代 1 300 万吨标准煤。此外，一些油料、含糖或淀粉类作物也可用于制取液体燃料。总体估算，近期每年可以利用的生物质能源总量约为 5 亿吨标准煤[52]。

我国太阳能资源丰富的地区面积占国土面积的 96%以上，与欧洲相比，我国全部地区都是太阳能资源可利用区，且西藏大部分，新疆南部，青海、甘肃和内蒙古的西部均属于太阳能资源极丰富带，这些地区太阳能辐照量超过 1 750 千瓦时/（米^2·年）。而新疆北部、东北地区、内蒙古东部、华北、江苏北部、黄土高原、青海和甘肃东部、四川西部、福建和广东沿海一带以及海南岛则处于太阳能资源很丰富带，仅次于太阳能资源极丰富带，太阳能辐照量为 1 400~1 750 千瓦时每平方米每年，以上地区太阳能年变化较稳定，非常适合进行太阳能资源的利用。

每年到达中国陆地表面的可开发太阳能资源总量约为 5.28×10^{16} 兆焦耳（或 1.47×10^{16} 千瓦时），太阳辐射总功率约为 1.68×10^9 兆瓦，约占全球陆地表面太阳能资源的 6.8%，无论是大规模光伏发电，还是分布式发电都能够很好地满足人们的用电需求。

我国风能资源丰富地区主要分布在西北、华北、东北、华东地区，即目前认可的"三北"和东南沿海风能资源丰富带，这些地区是我国风能资源优先和重点开发的区域；西南地区虽然理论蕴藏量很丰富，但现阶段不具备开发的技术水平条件，因此只是潜在技术可开发量很可观；华中和华南地区无论是在理论蕴藏量、技术可开发量，还是潜在技术可开发量上都很小。理论蕴藏总量上，西北地区最大，其次为华北、西南、东北和华东地区，分别 148 685 万千瓦、103 025 万千瓦、101 847 万千瓦、39 918 万千瓦和 21 074 万千瓦，分别占到全国风能资源总储量的 34.4%、23.8%、23.5%、9.0%和 4.9%；华南和华中地区较小。技术可开发量上，华北地区最大，其次为西北、华东和东北地区，分别为 15 912 万千瓦、12 350 万千瓦、829 万千瓦和 312 万千瓦，分别占到全国技术可开发量的 53.5%、41.6%、2.8%和 1.0%。西南地区的技术可开发量最小，其次是华中、华南地区，分别只有 13 万千瓦、59 万千瓦和 246 万千瓦，共仅占全国的 1.1%[53]。

中国水能资源分布与开发现状显示，西北与西南地区水能资源理论蕴藏量十分丰富，但开发不足，存在巨大的持续开发利用潜力。长江中游地区开发程度趋于饱和，进一步开发的潜力十分有限。南部、东部与北部沿海地区虽然具有一定的开发空间，但由于受到水能资源理论蕴藏量的限制，未来可开发利用潜力并不大。东北与黄河中游地区，尚存在较大的开发空间，但由于水能资源蕴藏量并不丰富，未来水能资源可开发利用潜力一般。鉴于此，根据未来各区域在中国水电供应系统中的分工与作用，划分为国家水电基地、地区水电基地和水电输入地。

西部地区的小水电可开发量为 8 022 万千瓦，占全国的 62.7%，其中，西南地区的广西、重庆、四川、云南、贵州和西藏 6 个省（区、市）是我国水力资源最丰富的地区，拥有 6 205 万千瓦，占全国的 48.5%；西北部的内蒙古、甘肃、陕西、宁夏、新疆和青海 6 省（区）小水力资源则相对集中，拥有 1 817 万千瓦，占全国的 14.2%。中部地区小水力资源主要集中在吉林、黑龙江、湖南及湖北山区，拥有 2 574 万千瓦，占全国的 20.1%。东部地区小水利资源主要集中在浙江、福建及广东山区，拥有 2 209 万千瓦，占全国 17.3%。

我国地热能地理分布不均，高温地热能资源主要分布在西藏南部、四川西部等地区，而中低温地热能遍布全国各地，广泛分布在平原地区、丘陵地区以及内陆沉积盆地。就目前勘探的可利用地热资源而言，以我国西南地区最为丰富，其次是华北和中南地区，再次为华东地区，以东北、西北地区最少。地热能的利用主要是地热能发电和中低温地热能直接利用。目前利用地热发电的有 4 处，其中，西藏 3 处，分别是羊八井、那曲和朗久 3 个地热田，总装机容量约为 25 兆瓦；广东丰顺地区有 1 处，其装机容量约为 0.3 兆瓦。其余主要用于供暖、热泵、洗浴、医疗、养殖和农业大棚等[54]。

中国是一个幅员辽阔、地形地貌复杂、气候类型多样和生活方式差异大的国家。从总体上来看，中国各省农村地区人均能源消费量虽各年有所波动，但总体呈上升趋势。从空间分布来看，各地区农村能源消费强度的空间差异性显著，总体看来，中国农村地区人均用能呈现出北多南少、东多西少的分布特征。作为农村地区的主要能源资源类型，生物质能源对农村能源至关重要，并与区域生态环境息息相关。另外，能源消费还与气候条件、区域资源禀赋等因素有关。同时，由于生物质能源的利用效率较低，意味着经济条件相对不发达地区的农村需耗费更大量非商品能源用于取暖和做饭。中国农村能源消费的区域差异性还体现在其消费结构上。尽管农村能源结构在空间上并没有特别明显的分布规律，但如果从区域资源禀赋入手就可以发现一些规律。首先，资源可获得性是影响各省能源消费类型的主要原因，如山西、内蒙古、宁夏、河北、贵州等省（区）具有丰富的煤炭资源，所以这些省份能源消费中煤炭的比重很大。北京和天津尽管煤炭资源并不是十分丰富，但离山西、河北和内蒙古等产煤区距离很近，而且农村经济发展水平高、购买能力强，所以煤炭的使用比例也很大。另外，中国东北和西南地区的居民比北方、东南沿海地区使用生物质能源的比例更高，这基本上与中国的生物质资源分布情况是一致的。因此，根据我国农村地区人口、经济发展程度、能耗和低碳资源分布等区域特征将我国划分为东北区、华北区、西北区、长江中下游区、西南区和华南区这六个区域，分别介绍其主要区域特征，见表 3-1[55]。

表 3-1　中国农村分区要素对比表

要素	东北区	华北区	西北区	长江中下游区	西南区	华南区
人口	稀疏	稠密	稀疏	稠密	中等	稠密
经济	一般	一般	较低	发达	较低	发达
生物质能	丰富	丰富	匮乏	丰富	丰富	丰富
太阳能	丰富	丰富	丰富	一般	丰富	一般
风能	一般	丰富	丰富	匮乏	一般	丰富
水能	匮乏	匮乏	一般	丰富	丰富	丰富
地热能	匮乏	丰富	匮乏	一般	丰富	丰富

3.1.1　东北区：农林生物质资源丰富

农林生物质资源丰富的东北区，主要包括了黑龙江、吉林和辽宁三省，该地区冬季严寒，供热需求大，农村人口占全国农村总人口比重的 5.95%，农村经济水平一般，农村能源消费非商品能源比例非常高，黑龙江、吉林和辽宁分别高达 59%、90% 和 67%，其中非商品能源的消耗主要是以林业资源为主，多用于冬季采暖，生物质低效原始利用问题在东北区较为严重。

同时东北区是我国主要的粮食产区，是全国范围内农作物秸秆分布最集中的区域之一，另外还有丰富的林业资源。而东北地区属于太阳能资源很丰富带，太阳能辐照量为 1 400~1 750 千瓦时每平方米每年，仅次于西北地区太阳能极丰富带的太阳能资源。东北地区风能资源一般，理论储藏总量为 39 918 万千瓦，仅占全国风能资源总储量的 9.0%；水能资源蕴藏量不丰富，未来水能资源可开发利用潜力一般。因此基于东北区的农村人口、地理气候、经济水平、非商品能源比例和可再生能源的种类，确定了东北区适合发展以生物质成型燃料或者发电产业为主的能源利用形式。

3.1.2 华北区：农村人口密集，秸秆资源化丰富，散煤利用严重

农村人口密集、秸秆资源化丰富、散煤利用严重的华北区，主要包括京津冀及周边省份，华北区人口密集，农村人口集中，该地区农村人口占全国农村总人口比重的 28.21%，属暖温带半湿润大陆性气候，四季分明，光照充足，冬季寒冷干燥也较长，是我国北方经济规模最大、最具活力的地区。华北区农村经济发展水平一般，京津冀地区农村居民收入水平要明显高于其他区域。华北区能源消费非商品能源比例低，普遍低于 40%，仅陕西省达到 52%，其中散烧煤利用较为集中，农村煤炭能源占比均超过 50%，山西省散煤使用情况最严重，煤炭能源占比达到 92%，农户能源消费主要用途为冬季取暖，煤炭的大量燃烧除了有能源利用效率低下的问题外，还导致了华北区严重的大气污染。

华北区能源利用形式主要是太阳能、风能和地热能的多能互补。该区域秸秆和林业生物质资源丰富，畜粪资源也较为发达。同时该区也位于太阳能资源很丰富带，太阳能辐照量为 1 400~1 750 千瓦时每平方米每年，太阳能年变化较稳定，比较适合太阳能资源的利用。风能资源的开发也较为客观，华北区为仅次于西北区最好的风能开发区，且风能技术开发量达到 15 912 万千瓦，占到全国技术可开发量的 53.5%；水能资源则较为缺乏。另外华北区还适合地热能的开发，局部地区的地热能可形成规模化的能源供应能力。因此，基于华北区的农村人口、地理气候、经济水平、非商品能源比例和可再生能源的种类，确定了该地区应大力发展生物质能、清洁炉灶、小风电和太阳能利用，适当发展地热利用。

3.1.3 西北区：农村人口稀疏，太阳能/风能资源丰富

农村人口稀疏，太阳能/风能资源丰富的西北区，主要包括青海、新疆、内蒙古和甘肃等省（区），该地区人口稀疏，农村人口仅占全国农村总人口比重的 5.87%，西北区基本为温带大陆性气候，冬季严寒而干燥，夏季高温，降水稀少，面积广大，约占全国面积的 30%，是地广人稀的地区，同时农村经济发展水平较低，农村居民收入低于其他地区，农村能源非商品能源比例较低，比例最高的甘肃也仅达到 50%，但农村能源中煤炭占能源消费比例却

较高，甘肃、宁夏和新疆煤炭能源消费比例分别高达 81%、87% 和 92%，都造成了严重的能源浪费和大气污染。

西北区生物质资源相对匮乏，普遍为草地和荒漠，难以大规模利用生物质资源，而内蒙古地区的畜牧粪便资源相对丰富，适合小规模化利用。西北区太阳能和风能等可再生能源资源极其丰富，属于太阳能资源极丰富带，太阳能辐照量超过 1 750 千瓦时每平方米每年，无论是大规模光伏发电还是分布式发电都能够很好地满足人们的用电需求。在风能资源方面，西北地区也是全国理论储量最大的区域，达到 148 685 万千瓦，约占全国 34.4%，技术可开发量也达到 12 350 万千瓦，占全国技术可开发总量的 41.6%；西北区的小水利资源相对集中，拥有 1 817 万千瓦，占全国的 14.2%，也具有一定的发展潜力。因此基于西北区的农村人口、地理气候、经济水平、非商品能源比例和可再生能源的种类，确定了西北区的能源利用方式是建设太阳能光伏发电和风能的风光互补分布式低碳能源网络系统。

3.1.4　长江中下游区：农村经济发达、农村能源基础设施较为完善

农村经济发达的长江中下游区，包括上海、江苏、浙江、湖北、湖南、安徽、江西等省（市）。该地区农村人口占全国农村总人口的 27.97%，冬季较短，但较湿冷，有一定取暖需求，秸秆资源丰富，太阳能资源一般，风能资源理论总储量为 829 万千瓦，占到全国技术可开发量的 2.8%，经济发展水平较高。建议重点发展生物质能等清洁能源；结合新型城镇化建设，大力推广沼气工程、生物质炭气油热电多联产等技术，为中小城镇提供生活燃气、电力和热力等清洁能源。此外，国家"十三五"规划提出，将在长江中下游地区主要城市群及中心城镇开展浅层地热能资源勘探评价，若长江中下游地区有着较为丰富且可利用的地热资源，可为城市密集区的居民的供暖需求提供保障。

3.1.5　西南区：生物质、小水电、太阳能资源丰富

生物质、小水电资源丰富的西南高原山区，包括广西、云南、贵州等省，该地区农村人口占全国人口总数的 18.52%。西南山区是中国贫困人口

相对密集和贫困程度较高的区域,又是生态脆弱地区,农村能源消费结构对农户可持续生计和区域可持续发展具有重要的影响。该区域属于亚热带季风气候,受东南风和西南风影响,夏季炎热多雨,林业生物质资源丰富,太阳能资源较丰富,风能资源属一般,水电资源丰富。应发展生物质能和清洁炉灶、小水电,有条件的地区适当发展小风电和太阳能利用。目前西南区地下水地源热泵、太阳能光热、光电系统以及小水电等清洁能源形式均有一定的发展。与其他地区相比,水能资源是该区的一大优势资源,占全国水能资源的70%。金沙江、大渡河、怒江、澜沧江流域地区的水电资源开发将是西南区可再生能源开发的重点。应优先发展小风电、生物质能、清洁炉灶和太阳能利用。

3.1.6　华南区:经济发达,生物质资源较为丰富

经济发达、高温多雨的华南区,包括广东、海南、福建等省。该地区农村人口较为稠密,农村人口占全国人口总数的10.51%,经济发展水平高,农村固体废弃物体量巨大,其中广东省的废水资源和垃圾资源均占全国第一。气候炎热多雨,无霜期长,作物几乎可以全年生长,耕作制度为一年两熟至三熟,太阳能资源一般,风能资源较为丰富。建议重点发展多样利用的生物质能资源,华南地区生物质资源主要是固体废弃物、农作物秸秆与采伐和木材加工废弃物剩余物。而其他生物质方面,据统计,每年华南地区可利用的农作物秸秆量为31 822 900吨,扣除作为饲料、燃料、还田及工业原料等近40%农作物秸秆量,其余60%都有可能用于能源生产;华南地区每年采伐剩余物资源量为8 917 100吨,木材加工剩余物资源量为4 613 300吨,合计为13 530 400吨,除去60%用作板业等工业原料,其余40%都可能用作能源生产。发展生物质能多样利用是华南地区生物质利用的重要途径。

3.2　中国农村能源革命的对象

我国农村能源消费量大,类型多样,主要有煤炭、生物质能、小风电、微水电、太阳能光热、地热能供暖等。全国可作为能源利用的农作物秸秆及农产品加工剩余物、林业废弃物和能源作物、生活垃圾与有机废弃物等

生物质资源丰富，广大农村地区太阳能、风能和水能等可再生能源条件得天独厚，农村能源化利用潜力巨大。然而，由于我国农村地理气候环境差异性大、各地域资源分布不均、经济发展程度参差不齐，主要存在农村散烧煤、生物质原始利用和固体废弃物（垃圾）这三个问题。

3.2.1 散烧煤

现阶段散煤并没有非常明确的定义，国家发展和改革委员会将灰分大于等于 16%、硫分大于等于 1% 的煤定义为散煤，大多数的研究中一般将散煤理解为在家庭取暖、餐饮中广泛使用的民用煤以及一些小锅炉、小窑炉用煤。散煤使用因为有着诸多问题，如大部分散煤质量达不到国家标准、燃烧效率低、燃烧后废气得不到有效处理等，对空气的污染作用远远比大型锅炉使用的清洁型煤炭要严重。当前我国农村地区散烧煤使用问题极为严重，以华北地区为例，煤炭是华北地区主要用能，占农村能源总消耗的55%以上，燃煤尤其是劣质煤在燃烧过程中，会排放出大量的烟尘、温室气体及酸性气体，是造成华北地区大气污染和雾霾的主要原因之一。这些污染物直接排放，既破坏污染环境，也严重危害着民众的健康。而且用散烧煤烧水的灶具、取暖设施（以土暖气、火坑和煤炉为主）热效率极其低下，致使能源利用率低，造成资源的巨大浪费。

原煤散烧污染防治主要存在以下问题：

一是分散消费难以治理。目前农村散烧原煤不仅总量较大，而且没有任何污染治理措施，属超低空排放。由于分散消费，农民既没有动力也没有能力开展废气治理，因此开展污染防治非常困难。

二是污染防治缺乏投入。原煤散烧污染是农村环境问题的一个重要部分，由于目前农村原煤散烧污染的治理尚未摆上议事日程，对原煤散烧污染防治经费投入、治理技术研究等都有待重视。

三是环境监管仍处空白。由于尚无监管机制，环保部门对农村燃煤量、污染物排放等情况没有纳入环境统计范围，政府各部门对此也底数不清。不仅如此，农村取暖炉灶污染物排放没有环保标准，环境监管也无据可依。目前，绝大多数地区针对农村原煤散烧污染的监管仍是空白。

3.2.2　生物质原始利用

我国广大农村存在大量生物质原料以直接燃烧的低效利用方式进行处理，主要包括农业废弃物、林业废弃物，其中以秸秆露天焚烧为典型代表，我国秸秆年产量 8 亿吨，是世界第一大秸秆生产国，而 2015 年全国秸秆焚烧总点数为 4 454 个，主要分布于华东、华北和东北地区。本应极大地补充农村能源的农林废弃物，反而由于直接燃烧导致诸多危害。其带来的危害主要有：

一是污染大气环境，每逢夏秋季节由于秸秆的大量焚烧，导致空中悬浮颗粒数量明显升高，焚烧产生大量的一氧化碳、二氧化硫等有害气体，降低大气环境质量。

二是危害人体健康，秸秆焚烧产生的烟雾中含有大量的氮氧化物、光化学氧化剂和悬浮颗粒等物质，秸秆焚烧区域、时段均相对集中，大量烟雾对中老年和儿童及患有呼吸道疾病的人造成很大影响。

三是威胁交通安全，露天焚烧带来最突出的问题是产生大量浓烟，如气压低则会直接影响到民航、铁路、高速公路的正常运营，对交通构成潜在威胁，已严重影响到正常的公共秩序，会直接引发道路交通事故。

四是存在火灾隐患，野外集中焚烧秸秆时，会加速空气的对流，增加风速，容易改变风向，还会产生飘浮于空中的"火团"，人为难以控制，容易窜至院落和田间，引发房屋、农作物的火灾，造成人畜伤亡、财产损失。

五是破坏土壤结构，焚烧秸秆使地面温度急剧升高，能直接烧死、烫死土壤中的有益微生物，影响作物对土壤养分的充分吸收，直接影响农田作物的产量和质量，影响农业增产、农民增收。

总体来说，农村生物质原始利用会造成资源的极大浪费，同时直接造成大气环境污染。

3.2.3　固体废弃物

固体废弃物主要包括农村生活垃圾和畜禽粪便。随着农村居民生活水平的不断提高，农村居民生活垃圾和农村畜禽粪便的产生量也与日俱增。大量农村固体废弃物的随意或不当处理不仅造成能源的浪费，而且会对农村的环境造成很大的破坏。

1. 生活垃圾

2015 年，农村生活垃圾产生量就高达 0.95 亿吨，以往农村生活垃圾以厨房剩余物为主，可作为畜禽的饲料，使得生活垃圾不会影响环境卫生和安全，但随着农村地区消费结构的变化，农村垃圾的种类和体量也发生了巨大的变化，农村难以容纳产生的垃圾，造成农村环境的恶化，因此通过相关技术手段资源化利用农村固体废弃物，既能解决固体废弃物的处置问题，又能补充农村地区的能源供给。

当前农村固体废弃物治理主要存在以下几个问题：

一是农村生活垃圾数量增加，成分复杂，危害性大。随着农村生产用能方式的变化，生活垃圾的成分较以前更为复杂，如废电池、卫生用品、一次性杯子碗、塑料袋、塑料布及各种玻璃瓶，量大、污染面广，不但影响了环境，更对土地的质量造成了破坏，对水源造成了污染，导致农村生态环境日益恶化。

二是群众环境保护意识淡薄。在农村，群众对垃圾危害了解不足，加之受传统生活习惯的影响，村民们把垃圾随意倒在河道、桥下、田间、路边等，垃圾阻塞河道、侵占公路、蚕食农田的现象比较严重。

三是垃圾处理基础设施建设投入还不足。村镇生活垃圾处理基础设施滞后，均没有规范的生活垃圾处理设施，乡镇也只有简易的垃圾填埋场，垃圾处理能力不足，生活垃圾乱堆的现象还存在。

四是农村垃圾问题无专门的部门管理。目前，大多数乡镇、村没有建设垃圾转运站、填埋场、焚烧炉和垃圾池。没有专门的垃圾收集、运输、填埋处理单位。切实改善农村生产生活环境，实现村容整洁，是社会主义新农村建设的一项重要内容，对农村生活垃圾进行妥善处理处置则是改善村容村貌的必要举措。因此，提高群众的生活环境保护意识，改善农村生活垃圾处理现状是当务之急。

2. 畜禽粪便

畜禽养殖业在我国的发展非常迅速，这极大地丰富了我国城乡居民的农副产品供应，提高了人们的生活水平。与此同时，畜禽粪便的排放量也在快速增加。圈养的牛、猪和鸡三类畜禽是畜禽粪便主要来源。

当前畜禽粪便造成的主要危害有以下几个方面：

一是侵占土地。每年畜禽粪便大量产生，在未经处理规划的情况下，四处堆放，大量的可利用土地被占。据估计，每堆积一万吨畜禽粪便至少要占一亩土地。大量的畜禽粪便占据了大量的土地，降低了土地利用率。

二是污染土壤。家禽、牲畜的喂养以饲料为主，饲料中含有大量的添加剂，特别是一些微量元素重金属等。饲喂动物后，动物不能将其消化就会随着粪便排出体外，将粪便还田以后留在土壤中造成土壤污染，最终会随着作物进入人体，危害人体健康。

三是污染大气。粪便在未经处理堆放过程中产生甲烷、有机酸、氨、醇类等 200 多种有害成分，污染周围空气。这些污染物除引起人的不快、令人产生厌恶感外，还对人和动物有刺激性和毒性。影响人的正常呼吸，有时候甚至使人感病，危害人体健康。

四是传播病原菌。未经处理的畜禽粪便堆放产生的恶臭气体会招引大量的蚊虫，同时粪便污染物本身含有大量的病原微生物、寄生虫卵及滋生的蚊蝇，从而使环境中病原种类增多，病原菌和寄生虫大量繁殖。最终导致畜禽各种疾病大量滋生，特别是传染病，有时这种危害是毁灭性的，甚至还可能波及人。

3.3　中国农村能源革命的方向

3.3.1　大力发展分布式低碳能源网络

当前对分布式能源系统的定义众说纷纭，本书主要参考中国科学院工程热物理专家徐建中院士最初给予的定义，即分布式供电是相对于传统的集中式供电方式而言的，是指将发电系统以小规模（数千瓦至 50 兆瓦的小型模块式）、分散式的方式布置在用户附近，可独立地输出电、热或（和）冷能的系统。分布式能源系统具有众多优势：具有很低的配电损耗；不需要修建变配电站；可避免或延缓增加的输配电成本；土建和安装成本低；各电站相互独立，用户可自行控制；不会发生大规模供电事故；非常适合对乡村、牧区、山区、发展中区域及商业区和居民区提供电力；极大地减少了环保压力[56]。

因此，根据分布式能源系统的定义，我们可以对分布式低碳能源网络进行如下解释：将清洁环保低碳的发电系统以小规模（数千瓦至 50 兆瓦的小型模块式）、分散式的方式布置在用户附近，可独立地输出电、热或（和）冷能，彼此互联，采用先进的信息技术、智能化监控、网络化群控和远程遥控等技术进行高效、准确的资源配置，保证各分布式能源系统的安全可靠运行。在农村能源消费革命中，抑制不合理的农村能源消费，建立多元的农村能源供应体系，发展农村能源技术，带动产业升级，建立完善的农村能源体制是推动我国能源革命的重要组成部分。

要发展分布式低碳能源网络，开发因地制宜的分布式能源尤其重要，中国农村地区分布着大量可再生能源，其中主要包括风能、水能、太阳能和生物质能。据原农业部估算和统计，全国广大农村地区的可再生能源每年可获得相当于 73 亿吨标准煤的能量，相当于目前全国农村能耗总量的 12 倍。由前文可知，我国农村微型水力、低速风力以及太阳能分布广阔，资源极为丰富。合理利用农村可再生能源，开发因地制宜的分布式能源，将是农村能源变革中不可缺少的一部分[57]。

针对不同农村地区的地理、气候、经济发展程度、资源分布差异特点，合理利用农村可再生能源，开发针对六大区域因地制宜的分布式低碳能源，是农村能源革命的核心任务。

1. 华北地区：建设多能互补的分布式低碳能源网络

华北地区，人口稠密，城镇化率低，生物质低效利用问题严重，同时华北地区冬季温度较低，有采暖的需求，华北地区中的山西为产煤大省，导致华北地区散烧煤使用情况严重，造成了当地污染问题，破坏了当地的生态环境，因此建设绿色、低碳、循环的分布式低碳能源网络势在必行。华北地区有着丰富的生物质能资源，太阳能和地热能在部分地区也是比较富集的，因此利用华北地区农村多种能源资源共存的特点，建设以生物质能为主、太阳能和地热能为辅的多能互补的分布式低碳能源网络，可以充分满足农村居民的采暖和日常生活能源的需求，全面提升农村地区能源的供给能力，解决农村地区大量使用散烧煤问题以及生物质低效利用问题。

上述多能互补的分布式低碳能源网络，包括了分布式燃气网和分布式电网，该网络可以同时利用生物质能、太阳能和地热能，在生物质能方面，改变了传统生物质能低效利用的形式，如生物质能直接燃烧和人畜粪便不利用等，将生物质能用于厌氧发酵产生可燃沼气，满足农村居民生活用能的需求，若有需求之外的可燃沼气，还可将多余的沼气卖给燃气网，增加系统的经济性。同时对于大规模的生物质沼气池还可将产生的可燃沼气用来发电。而太阳能方面，可与生物质能发电互补，形成太阳能、生物质能互补的发电形式，弥补单一太阳能发电受季节、气候等因素影响造成的不稳定问题，同时太阳能的热利用也可解决一部分采暖需求，进一步缓解散烧煤的使用问题。而针对华北地热能富集的地区，可利用地热能进行供暖，彻底解决该地区散烧煤的使用问题。

因此，在华北农村供电能力不足的地区，可以建设多能互补的分布式低碳能源网络，综合利用生物质能、太阳能和地热能，建立分布式的电网和燃气网，满足农村居民对电能和燃气的需要，同时太阳能和地热能可在一定程度上解决冬天采暖的问题，缓解华北地区散烧煤使用体量巨大的问题。生物质能的沼气化利用改变了生物质利用的方式，有效地提高了生物质能利用效率和经济性。

2. 西北地区：建设分散式风能和太阳能的分布式低碳能源网络

西北地区，人口密度低，经济发展水平低，人员流动性也较强，导致远距离供电投资过大，大多数农村无法享受到大电网建设规划扩大后带来的收益，同时西北地区冬季漫长严寒，使得农户能源消费中冬季取暖占据很大部分。而西北地区风能和太阳能资源丰富，具有良好的使用基础，因此在西北地区建设分散式风能和太阳能的分布式低碳能源网络可以有效地解决农村居民的用电和采暖问题。分散式风能和太阳能的分布式低碳能源网络分别通过太阳能电池和风力发电机，利用风能和太阳能两种绿色、低碳、循环的可再生能源，并均可利用蓄电池作为辅助能源的发电网络。随着风能勘察工作的不断深入和低风速技术的持续进步，加快推动接入低电压配电网、就地消纳的分散式风电和光电项目建设，有利于优化西北地区分散风能、太阳能资源利用，因地制宜地提高西北地区风能和太阳能利用效率。

同时除了利用太阳能发电以外，还需要对太阳能进行热利用，太阳灶和太阳房可以基本满足西北农村居民对生活、采暖和制冷的需求。以太阳房为例，冬季白天，太阳房利用屋顶的铁板吸收太阳能，加热从户外引入的冷空气，达到采暖的作用，而夜晚则会停止外界空气的流动；而夏季，铁板则通过向温度低的高空辐射热量，降低从户外引入的热空气，达到制冷的效果；太阳房可以节约 75%~90% 的能耗，并具有良好的环境效益和经济效益，已经成为各国太阳能利用技术的重要方面。

3. 东北地区：建设以生物质能利用为主的分布式低碳能源网络

东北地区经济发展水平低，生物质资源极其丰富，并且有相对较高的太阳能可再生能源利用形式。因此该区域适合发展以秸秆、林业废弃物等生物质为主，以光伏发电和风能发电为辅的分布式低碳能源网络结构。在广大东北农村地区逐步建立生物质沼气池，并将户用沼气（或者工业化沼气）的沼渣、沼液还田，以增加土壤的有机质。沼渣、沼液与电厂灰渣结合可以生产绿色有机肥料还田，使土壤中的矿物元素保持平衡、有机质增加，不存在一些地区秸秆直接还田过量致使腐烂分解不彻底的问题。这种分布式应用项目，一方面可以刺激农村户用沼气的快速发展，另一方面可以提升农村户用炊事能源品位，这是一个双赢甚至多赢的项目。

东北农作物秸秆分散，适合建设分散式的分布式能源，一方面有利于解决偏远农村地区的高品质电热用能问题，另一方面在特殊的自然灾害等因素（如地震、冰雪灾等）致使电力供应中断情况下，可以保障区域电热能供应。

4. 长江中下游地区：推动农村生物沼气发展，构建城乡一体化能源网络

长江中下游地区冬季较短，基本没有取暖需求，秸秆资源丰富，太阳能资源一般，人口密集，经济发展水平较高。建议重点发展生物质能等清洁能源，结合新型城镇化建设，构建城乡一体化能源网络，大力推广沼气工程等技术，为农村地区提供生活燃气、电力和热力等清洁能源。适合将光伏发电与沼气生物质能源相结合建设配套的分布式发电系统，实现以用户自用和就地利用为主，多余电力送入当地配电网的分布式低碳能源网络。构建太阳能光伏发电系统、储能系统、沼气池及相关脱水、脱硫和阻火装置的系统集成。构建沼气发电机组、分布式能源多路自动调节系统、分布式电能自蓄能调配系统、分布式电源并网监控管理软件研究与应用。

加装同期装置，将沼气发电系统改造为可并网发电系统，沼气发电机组按照实际用电需求与光伏发电系统配合协同发电。利用太阳能及农村沼

气资源作为发电原料，通过光伏发电设备、沼气发电机组和储能设备搭建分布式电源，满足农村生产生活用电的同时将剩余电力资源并网销售。安装光伏并网发电系统，能够并入电网或沼气发电系统支撑的局域网，并入电网时光伏满负荷并网发电，发电余量上网，光伏发电项目为国家大力支持的分布式电源供电项目，与沼气发电互为补充，最大化将东北农村资源转化为电能为农村生产服务，在保护生态环境的大背景下，实现资源的循环利用。

该分布式能源网络在公网正常供电时，光伏发电与沼气发电及公网三者同时运行，太阳能不足时，沼气和公网并行运行；在公网处于停电状态时，沼气发电和光伏发电并行运行。

5. 华南地区：建立风能发电和生物质能多样利用的分布式低碳能源网络

华南地区气候湿润温暖，经济发展水平高，农村人口稠密，农村固体废弃物体量巨大，其中广东省的废水资源和垃圾资源均居全国第一，现有的固体废弃物好氧堆肥技术已经不能满足无害化大规模处理农村固体废弃物的需求，导致华南大部分农村的固体废弃物得不到妥善处理。而农作物秸秆与采伐和木材加工废弃物剩余物等生物质资源也具有极大的应用潜力和价值，不妥善处理既浪费生物质资源，又会造成环境的污染。另外华南沿海地区及岛屿附近，风能资源丰富，其风能密度可达 300 瓦每平方米，可以通过风能发电技术有效地将风能资源利用起来。因此，在华南供能不足的农村地区，可建立风能发电和生物质能多样利用的分布式低碳能源网络，满足相应地区的供能问题。

上述分布式低碳能源网络主要包括农村分布式微电网和农村分布式微气网，其中农村分布式微电网通过利用风力发电机和生物质废弃物燃气发电，从而同时利用风能和生物质能两种绿色、低碳、循环的可再生能源，并利用蓄电池作为辅助能源储存需求之外的电能，推动分布式微电网与农村电网的互联互通，生物质能恰好弥补了单一风能资源受季节气候等因素影响导致的不稳定问题，在华南电力供给不足的农村比较适用。而在农村有规模化畜禽养殖场的地区和人口稠密的地区，则适用建设农村分布式微气网，优先发展生物质沼气集中供气，推动生物质沼气与农村天然气管道互联互通，满足农村居民对生活燃气的需求，在需求之外的沼气可以卖给天然气网，提高生物质沼气系统的经济性，同时解决当前日益严重的农村废弃物资源无法大规模妥善解决的问题。而针对华南人口密集的农村地区，可以推进生物质成型燃料的使用，以解决炊事问题和采暖问题。

6. 西南地区：建设以小水电为主、林业生物质能为辅的分布式低碳能源网络

西南地区建设以小水电为主、林业生物质能和太阳能为辅的分布式低碳能源网络，西南地区经济落后，农村山区人口密集，水利资源丰富，具有较多的林业生物质资源，西藏地区太阳能资源极丰富，因此适合发展建设以小水电为主、林业生物质和太阳能为辅的分布式能源网络。主要发展小水电站的就地开发，就近供电，把小水电纳入电网应急保障体系。在西南农村地区电力规划、建设和运行各阶段充分考虑小水电的分布是电源的应急供电优势，充分发挥其保障电网安全和抗灾减灾作用，单一的发电能源建成的微网存在着稳定性不足的问题，小水电作为唯一电源的微网形式过于简单，受气候因素影响大，并且在同一时段变化情况相似，因此这样的微网是不够稳定的，需要配置大量的储能装置才能维持微网的正常运行，因而在经济方面显得不合理。以小水电为主的微网由于小水电本身的发电特性，这样的系统并不稳定，尤其是在孤岛运行时，考虑其他新能源的建设，如在小水电集中的区域建设风力发电和太阳能发电，使得发电能源可以多样化，特别是需要考虑其发电功率容易控制的分布式电源，可以根据微网的变化及时做出反应。

除水能资源丰富以外，西南地区林业生物质能源和太阳能资源也非常丰富，因此，生物质发电和太阳能发电等多种分布式的清洁能源也易于建设。在微网建设中，可以考虑将生物能发电、煤矸石发电、热电联产等形式的电源纳入微网。

3.3.2　加大天然气的使用比例

拓展农村天然气消费市场。天然气消费的城乡差别明显。西气东输管道惠及沿线 4 亿人，但几乎都是城市居民。2013 年中国城市燃气管网增加到 38.8 万千米，同比增加 13.1%。但农村燃气管道的增长都见不到统计数据，体量太小。需要积极推进天然气价格改革，推动农村天然气市场建设，

探索建立合理的气、电价格联动机制，降低农村地区天然气综合使用成本，扩大天然气消费规模。稳步推进天然气接收和储运设施公平开放，合理布局天然气销售网络和服务设施，以民用、发电、交通和农业等领域为着力点，实施天然气消费提升行动。在城中村、城乡接合部等地方推动天然气替代民用散煤，其他农村地区推动建设小型液化天然气储罐，替代民用散煤。加快城市燃气管网延伸建设，提高天然气农村居民气化率。需要政府加大基础设施建设投资，让老百姓用得起天然气。

推进农村天然气发电及分布式能源工程。借鉴国际天然气发展经验，提高农村天然气发电比重，扩大农村天然气利用规模，鼓励发展天然气分布式能源等高效利用项目，有序发展天然气调峰电站，因地制宜地发展热电联产。在可再生能源分布比较集中和电网灵活性较低的区域积极发展天然气调峰机组，推动天然气发电与风力发电、太阳能发电、生物质发电等新能源发电融合发展。

特别是沼气和生物天然气，截至 2015 年底，农村沼气的大发展带来了显著的经济、社会和生态效益，全国沼气年生产能力达到 158 亿立方米，约为天然气消费量的 5%，每年可替代化石能源约 1 100 万吨标准煤；年可生产沼肥 7 100 万吨，按氮素折算可减施 310 万吨化肥，可为农民增收节支近 500 亿元；年处理畜禽养殖粪便、秸秆、有机生活垃圾近 20 亿吨，减排二氧化碳 6 300 多万吨[58]。

但取得成就的同时也产生了急需解决的问题：一是农村户用沼气使用率普遍下降，农民需求意愿越来越小，废弃现象日益突出。二是中小型沼气工程整体运行不佳，多数亏损，长期可持续运营能力较低，存在许多闲置现象。三是沼气科技创新能力不强，"三沼"（沼气、沼渣、沼液）综合利用水平不高，一些工程甚至存在沼气排空和沼液二次污染等严重问题。四是农村沼气发展尤其是规模化沼气发展还面临不少体制机制障碍，各项扶持政策还不够健全，在管理上仍存在注重项目投资建设、忽视事中事后监管服务等问题。需要通过以下几个方向，做好农村沼气的工作：一是统筹谋划，多元发展。针对各地资源状况和环境承载力情况，鼓励各地因地制宜发展以生物天然气为主、以沼肥利用为主、以农业农村废弃物处理为主、以用气为主和果（菜、茶）沼畜循环等多种形式和特点的沼气模式。二是气肥并重，综合利用。统筹考虑农村沼气的能源、生态效益，兼顾沼气沼肥的经济社会价值，积极开拓沼气的多领域高值利用，突出沼气工程供肥功能，推进种养循环发展。三是政府支持，市场运作。政府通过健全法规、政策引导、组织协调、投资补助等方式，为农村沼气发展创造良好的环境。充分发挥市场机制作用，大力推进沼气工程的企业化主体、专业化管理、产业化发展、市场化运营。四是科技支撑，机制创新。加强农村沼气科研平台建设，建立产学研推用一体化的沼气技术创新与推广体系，统筹推进融资方式、运营模式、监管机制创新。

积极推行农村交通领域气化工程。完善交通领域天然气技术标准，积极支持农村天然气汽车发展，包括城乡公交车、物流配送车、载客汽车、环卫车和农业用车等以液化天然气为燃料的运输车辆，鼓励在内河、湖泊和沿海发展以液化天然气为燃料的渔业船舶。建立分散的、小型的液化天然气气化站，能够及时满足各个区域对天然气的需求。

3.3.3　改造提升农村电网建设水平

2011 年，国务院常务会议决定，在"十二五"期间，使全国农村电网普遍得到改造，农村居民生活用电得到较好保障，农业生产用电问题基本解决，基本建成安全可靠、节能环保、技术先进、管理规范的新型农村电网。因此，农村能源的电气化必定是中国农村能源的革命方向之一，农村能源电气化将会提高终端用能的电力比例，农村能源电气化将会是集中式智能电网与分布式低碳能源网络的结合。推进新一轮农村电网改造升级工程，推进分布式电网和集中式电网同步建设，试点新能源微电网示范应用，促进城乡网源协调发展。

分布式低碳能源网络具有众多的应用优势：极大地利用了可再生能源；可以合理阶梯式利用能源，提高能源利用效率；可以有效缓解当前能源与环境的问题；可提高供电可靠性和供电质量，防止大面积停电事故的发生；在地形条件恶劣的偏远地区、经济欠发达地区建设的输配电系统投资低；同时由于发电单元更加靠近用户，输电成本降低。因此分布式低碳能源网络与集中式智能电网相互补充、互相协作，这是农村能源电气化发展的重要推动力。

1. 推进分布式和集中式并举的农村配网建设

加快新型小乡镇、中心村电网和农业生产供电设施改造升级。结合"生物质扶贫""光伏扶贫"等分布式能源发展模式，建设可再生能源就地消纳的农村配网示范工程。开展西藏、新疆、四川、云南、甘肃、青海六省（区）农村电网建设攻坚。加快西部及贫困地区农村电网改造升级，特别是国家扶贫开发工作重点县、集中连片特困地区以及革命老区的农村电网改造升级。推进东中部地区城乡供电服务均等化进程，逐步提高农村电网信息化、自动化、智能化水平，进一步优化电力供给结构。

2. 试点新能源微电网应用示范工程建设

建设联网型微电网示范工程。在分布式可再生能源渗透率较高或具备多能互补条件的农村地区建设联网型新能源微电网示范工程。通过储能技术、天然气分布式发电、智能控制和信息化技术的综合应用，探索电力生产和消费的新型商业运营模式和新业态，推动更加具有活力的电力市场化创新发展，形成完善的新能源微电网技术体系和管理体制，逐步提高可再生能源渗透率，探索建设100%可再生能源多能互补微能源网。

开展离网型微电网示范。提升能源电子技术配合微电网能源管理及储能技术，高度融合发输供用电环节，在电网未覆盖或供电能力不足的农村地区充分利用丰富的可再生资源，实现多种能源综合互补利用，建设智能离网型新能源微电网示范工程，替代散烧煤和降低供电成本，保护生态环境，改善地区能源结构。

探索微电网电力交易模式。结合电力体制改革的要求，拓展新能源微电网应用空间，探索微电网内部分布式能源直供以及微电网与本地新能源发电项目电力直接交易的模式。支持微电网就近向可再生能源电力企业直接购电，探索实现100%新能源电力消费微电网。

3. 积极推进农村电力管理体制改革

加快建立规范的现代电力企业制度，鼓励有条件的地区开展县级电网企业股份制改革试点。逐步向符合条件的市场主体放开增量配电网投资业务，赋予投资主体新增配电网的所有权和经营权。鼓励以混合所有制方式发展配电业务，通过公私合营模式引入社会资本参与农村电网改造升级及运营。支持社会资本投资建设清洁能源项目和分布式电源并网工程。

总体来看，我们提出了中国农村能源革命方向，即大力发展分布式低碳能源网络，优化小水电、太阳能、风能、沼气、地热和生物质能等可再生能源的组合发展模式；推动农村天然气管网和天然气市场建设，加大天然气的使用比例；改造提升农村电网建设水平，推动分布式与集中式电网并行建设，打造具有我国农村特色的多能互补、协调发展的分布式能源格局，从而逐步推进城乡一体化发展。

3.4　农村分布式低碳能源网络建设的可行性和效益分析

3.4.1　技术和模式证明建设农村分布式低碳能源网络是可行的

在能源转化技术中，生物质能转换技术具有极大应用潜力和价值，生物质能目前应用技术主要包括生物质直接燃烧发电、生物质生化加工和生物质热化学利用。利用农业生物质作为分布式低碳能源发展具有显著的间接经济效益，它能极大地提高农业的产出，增加农民的收入，从而提高农业的经济效益。以往，农业生物质作为一种生产的副产物，利用价值不大。现在进行科学的能源化利用，具有较高的使用价值，农业的经济效益自然提高。生物质燃烧发电利用生物质锅炉直接燃烧生物质，将生物质的化学能转化为热能加以利用，考虑到我国生物质资源以秸秆为主体的特性，国内生物质燃烧技术的研究主要集中在秸秆燃烧技术上。当前生物质燃烧分为直接燃烧发电和成型燃料燃烧发电，相比于直接燃烧，成型燃料可以提高生物质的密度，节约运输和储存费用，扩大应用范围，提高燃烧效率，同时可以减少替代的煤燃烧所带来的环境污染。生物质厌氧发酵产沼气技术是指各种有机物在一定的水分、温度及厌氧条件下，被各类沼气发酵微生物分解转化，最终生成沼气（甲烷和二氧化碳）的过程。生物质厌氧发酵产沼气不需要氧气，可以减少动力消耗、节约能源、减少成本；反应器效能高，占地面积小；剩余污泥量少，减少了处置费用且生成的污泥较稳定；发酵残留物可作为土壤调制或肥料，增加经济效益。生物质气化发电技术的基本原理是，把生物质转化为可燃气，再利用可燃气推动燃气发电设备进行发电，它既能解决生物质难于燃用而且分布分散的缺点，又可以充分发挥燃气发电技术设备紧凑而且污染少的优点。

【典型案例】

内蒙古赤峰市阿鲁科尔沁旗天山镇在赤峰元易生物质科技有限责任公司（以下简称赤峰元易）的帮助下，因地制宜地利用玉米秸秆和养殖粪污配合厌氧发酵生产沼气，再利用提纯技术，将其提纯为生物天然气，用作车用燃料及注入天然气管网用作民用燃料，同时生产系列生物质有机肥料和液态生物二氧化碳。设计规模为年消纳秸秆 5 万吨、粪污 0.4 万吨，日产生物天然气 3 万立方米，合计年产生物天然气 1 100 万立方米，年产生物有机肥 5 万吨，年产液态生物二氧化碳 1.37 万吨。

赤峰元易生物质科技调压设备与沼液处理池见图 3-1。在赤峰元易的厂区内可以看见牲畜粪便、农作物秸秆、工业有机废水、餐厨垃圾及生产与生活有机垃圾等，在沼气工厂中经过粉碎、预处理后，按一定的混配比例进入 4 个 5 000 立方米的发酵罐，进行恒温厌氧发酵，产生的沼气输入 2 个 2 500 立方米的储气罐。罐里的气体再经高压水洗提纯技术处理后，获取到的生物天然气中甲烷含量大于 96%，可完全替代化石天然气，直接输送到城市供气管网，每吨干秸秆的沼气产气量可达 420 立方米。

图 3-1　赤峰元易生物质科技调压设备与沼液处理池

通往阿鲁科尔沁旗中心城区 10 千米的输气管道已铺通，提纯的甲烷供给天山镇 3 万多城镇居民生活使用。作为向小城镇供气的试点，远在 35 千米之外的双胜镇也建起供气站，即分布式能源站，用撬车把生物天然气运送到分布式能源站，装置到储气瓶组中，再通过地下燃气管道输送进各家各户，双胜镇的 200 多户农民已经用上了生物天然气。

太阳能转换技术中太阳能热利用技术，其利用的基本方式是利用光热转换材料将太阳辐射转换为热能，产生的热能可广泛应用于各个领域，主要包括常见的太阳能热水器、太阳灶、太阳房以及温室大棚等太阳能热利用形式。太阳能热水器可以说是可再生能源技术领域商业化、产业化程度最高和推广应用最广泛的技术。太阳能光伏发电技术，利用太阳能电池半导体材料的光伏效应，将太阳辐射能直接转换为电能，"十一五"期间我国的太阳能光伏产业得到了极大的发展，各种多晶硅、单晶硅和光伏薄膜的产量跃居世界第一。"十二五"时期我国新增太阳能光伏电站装机容量约1 000 万千瓦，太阳能光热发电装机容量 100 万千瓦，分布式光伏发电系统约 1 000 万千瓦。中国也具有发展太阳能光伏发电极大的优势，太阳能资源非常丰富，理论储量达每年 17 000 亿吨标准煤，因此太阳能资源开发利用的潜力非常广阔。

【典型案例】

　　沈阳市浑南区李相街道王士兰村太阳能光伏项目是沈阳爱易智慧能源科技有限公司和浑南区合作推出的"爱易·牧阳人"互联网+农村户用光伏电站示范项目，在这里，农民的屋顶和闲置的空地上架设了多晶硅太阳能发电板。沈阳市浑南区李相街道王士兰村太阳能光伏电池见图 3-2。

图 3-2　沈阳市浑南区李相街道王士兰村太阳能光伏电池

　　王士兰村的多晶硅光伏电站一组发电设备功率为 5 千瓦，一年能发将近 9 000 千瓦时电，由于实现了并网，农民可以将生活用电外的多余电量卖给电网，既节省了电费又增加了收入。据统计一户农民一年用电量为2 000 千瓦时左右，每千瓦时电可售 0.7 元（电网收购价 0.3 元加上政府补贴 0.4 元），一年卖电所得收入大约为 5 000 元，相当于当地农民种植 15亩玉米一年所得收入。该地区的"互联网+新能源"智慧乡村的模式在 2016年底诞生，发电机组的总装机量也从 52 千瓦增加到了 2017 年的 250 千瓦，说明越来越多的农民加入了太阳能发电的行列中来。

据了解，一组发电机组的安装费用为 4.5 万元，这对不少农民来说是个庞大的数字，所以爱易智慧能源科技有限公司采取分期付款与返还养老保险金等多种惠民方式，但估算下来也要 10 年才能还清费用，而一套太阳能光伏电站的寿命为 30 年，在这期间，公司都会免费为农民提供维修和保养。

理论证实，分布式发电将与互联网技术紧密结合，今后的每个建筑物都会变为一座发电主体。目前应用最为广泛的分布式能源，就是设在建筑物屋顶的太阳能光伏发电项目。按照国际通行标准，光伏电站每发一千瓦时电，就相应节约了 0.4 千克标准煤，同时减少 0.272 千克碳粉尘、0.997千克二氧化碳、0.03 千克二氧化硫、0.015 千克氮氧化物的污染物排放。以王士兰村、闫家村此次的装机容量 52 千瓦计算，每年可发电超过 60 000千瓦时，可节约 24 000 千克标准煤，减少排放 16 320 千克碳粉尘、59 820千克二氧化碳、1 800 千克二氧化硫、900 千克氮氧化物。这大大减少了农村的能源浪费与二次污染，提高了农村的能源利用效率。

风能转换技术中风能发电技术，是通过风力发电机将风能转变为电能的技术，我国小型风力发电机组经过 30 多年的研究和发展，其产业已经达到一定的生产规模和生产水平。特别是 5 千瓦以下的农村用风力发电机组，已形成系列产品应用推广，为我国的偏远无电地区解决了生活用电问题，取得了良好的经济效益和社会效益。

水能转换技术中水力发电利用的水能主要是蕴藏于水体中的位能，在我国电力需求的强力拉动下，我国水轮机及辅机制造行业进入快速发展期，其经济规模及技术水平都有显著提高，我国水轮机制造技术已达世界先进水平。水力发电是可再生能源，对环境冲击较小，生产成本低且发电效率高，机组启动快，宜于担任调峰、备用。

分布式能源网络构架——微电网。由分布式电源、储能装置、能量转换装置，以及负荷、监控和保护装置等组成的小型发配电系统微电网，是一个能够实现自我控制、保护和管理的自治系统，既可以与外部电网并网运行，也可以孤立运行。微电网的提出旨在实现分布式电源的灵活、高效应用，解决数量庞大、形式多样的分布式电源并网问题。微电网是相对传统大电网的一个概念，是指多个分布式电源及其相关负载按照一定的拓扑结构组成的网络，并通过静态开关关联至常规电网。开发和延伸微电网能够充分促进分布式电源与可再生能源的大规模接入，实现对负荷多种能源形式的高可靠供给，是实现主动式配电网的一种有效方式，使传统电网向智能电网过渡。国外多个国家和地区已经在微电网关键技术方面取得一些突破，并在小规模微电网中得到验证。其中美国、欧洲各国、日本及加拿大等建设了一批示范工程，为微电网的发展提供了一些经验借鉴，成为微电网领域中的领先国家。国外正在推动微电网向更高电压等级、更大容量发展。而我国在"十二五"期间，智能电网的重点任务是发展大规模间歇式新能源并网技术，突破大规模间歇式新能源电源并网与储能、智能配用电、大电网智能调度与控制、智能装备等智能电网核心关键技术。微电网是智能电网的有机组成部分，随着国家加大对智能电网的投资力度，微电网也面临良好的发展机遇。未来随着微电网技术不断成熟、可再生能源成本下降、储能产业发展以及未来化石能源价格的持续上涨，微电网将得到爆发式增长。

我国农村分布式能源的发展比较落后，没有形成一定的产业规模。系统相关设备技术还不成熟，大多需要进口，价格昂贵，使得在项目投资中，设备投资占的比例较大。但是在国家政策的鼓励扶持下，分布式能源得到了快速发展，投资效益有了明显的改善。工程总承包（engineering procurement construction，EPC）模式因为其投资效益高、总成本低和保证项目工期的优势成为新能源发电项目的主流趋势，但由于项目所需投资量大，财政资金远不能平衡农村分布式能源的资金需求。而采用政府和社会资本合作（public-private partnership，PPP）模式和建设-移交（build-transfer，BT）投资模式投资以及建设-经营-转让（build-operate-transfer，BOT）模式，则能吸引更多分布式能源投资资本，使分布式能源产业不断发展，改善投资效益，实现分布式能源投资持续性盈利的目标。

另外，政府针对农村分布式低碳能源网络建设已经出台了不少特定的法律法规，在政策方面非常支持农村分布式低碳能源的发展。分布式能源根据运行状态可分为独立运行、并网不上网、并网且上网三种。对于不同的状态，用户需要签订不同的协议。以可再生能源发电为例，其使用保障性全额收购机制，即政府管理要优先为可再生能源提供并网服务。在税收方面，政府管理也显得较为优惠，可再生能源项目采取"即征即退"或"免征减征"的税收办法，购进设备或从电站买电都可抵充税额，一般可再生能源项目还拥有免收系统备用费、免征政府性基金的优惠政策。在企业所得税方面，光伏企业还享有"三免三减半"的优惠政策[54]。

3.4.2　建设农村分布式低碳能源网络的综合效益显著

太阳能光伏发电贴合西北地区年平均日照时间长且地广人稀的条件，在国家政策的支持下其发电收益较为可观；生物质成型燃料直燃成本不断降低，在某些废弃生物质资源丰富的地区具有一定的价格优势；沼气发电可提供电、肥等多重收益，成本低廉且效益显著。因地制宜地发展农村分布式能源网络有助于合理利用当地优势资源，降低能源生产成本，具有相对较好的经济效益。但跟成本低廉的传统化石能源相比，其在经济效益方面仍处于劣势，不具备较强的竞争力。

但建设农村分布式低碳能源网络的环境效益和社会效益具有明显优势，环境效益主要体现在减排效果明显和资源的合理利用上。分布式发电的燃料多为天然气、轻质油或可再生清洁能源，发电过程中二氧化硫、氮氧化物、二氧化碳、粉尘、废水废渣的排放将明显减少。此外，大量的就近供电减少了大容量长距离高电压输电线的建设，由此不但减少了高压输电线电磁污染，也减少了高压输电线征地面积。这尤其针对二氧化碳排放，因为电力行业是国家经济行业中碳排放最高的行业，占到了38.76%，针对电力行业的节能减排成了重中之重，而实行分布式发电就能很好地解决此问题，分布式发电法低碳处理使得燃料转化过程化学能梯级利用与二氧化碳捕集一体化，在减小燃料转化过程中不可逆损失的同时，实现二氧化碳的定向富集，从而减少二氧化碳分离能耗，在二氧化碳形成的源头实现低能耗的二氧化碳捕集，在碳排放方面有着独到的优势。另外，分布式发电使用的清洁能源能够大大减少雾霾。近年来每到冬季，全国许多城市都会陷入"雾霾模式"，尤其是京津冀地区，河南、山东、陕西等地拉响空气重污染红色警报，究其原因就是煤炭利用污染严重。而分布式发电遵循因地制宜、清洁高效的利用原则，能够有效对抗雾霾，给人民一个健康、清洁的生活环境。

其一，社会效益方面，目前分布式发电在农村推广的一大推动力就是各种政府出台的福利。扶贫就是其中一项，在我国农村尤其是贫困地区原料非常丰富，生物能源产业和企业是农民的天然盟友，我国目前攻坚克难的贫困人口大多分布在地广人稀的西部，虽然不适合种植粮棉作物，但是可以大面积种植能源灌木和能源草类，通过生物质能源转化的创新技术来生产高品位的生物质能源及生物质材料等多种商品。更重要的是，我国还面临着液体燃料和天然气资源的严重短缺，因此生物质能源产业完全可以成为广大农村尤其是贫困地区脱贫致富最有希望的支柱产业。其二，由于关乎自身的经济利益，村民们因为分布式低碳能源设施的建立有意识地减少破坏环境的举动，积极投身到环境建设。其三，可以通过在广大农村地区推行分布式能源低碳网络的建设，宣传减少散烧煤的使用，鼓励使用低碳环保的可再生能源，极大地提高农民环境意识，同时通过农村地区固体废弃物的分类意识宣传，提高农民素质，改变农村环境，逐渐改变人们对于农村脏乱差的感观，朝着新农村建设迈进一大步。

总体来看，建设农村分布式低碳能源网络在经济效益方面较弱，但在环境效益和社会效益方面具备明显优势，因此综合效益显著。

根据各地不同的资源分布和地理地形特点，充分发展技术模式可行、综合效益高的分布式低碳能源网络已成为农村能源革命的必然途径。因地制宜地利用农村地区适宜的分布式能源，将生物质能、太阳能、风能、水能和地热能等可再生能源电气化，形成分布式低碳能源网络，可弥补集中式智能电网的缺漏之处。例如，我国西北部地区蕴藏着丰富的风能资源，目前在新疆和内蒙古等地区已经建成规模化风力发电厂，不但可以为本地区供电，还可以将电能输送到东部沿海地区，为解决能源危机立下汗马功劳；西藏地区地热资源丰富，可充分利用地热资源建立地热发电站，这些无污染绿色能源可以减轻当地的环境污染，还可以带来巨大的经济效益。除风力发电外，一些全年光照充足的地区和水资源蕴藏丰富的地区可以开发太阳能光伏电池发电和小水电工程，合理有效地利用资源，实现经济、社会、自然三者的可持续发展。

第 4 章　中国农村能源革命的战略目标和路线图

4.1　中国农村能源革命的战略方针

遵循习近平总书记关于能源发展"四个革命、一个合作"的重要论述，依据《中华人民共和国节约能源法》指出的"因地制宜、多能互补、综合利用、讲求效益的原则"，在这里提出中国农村能源革命的战略方针：战略引领，生态优先；因地制宜，多能互补；模式创新，全民参与。改变农村能源结构，构建分布式低碳能源网络，形成以可再生能源为基础，与大电网相结合的微型电网系统。

4.1.1　战略引领，生态优先

战略引领是将农村能源革命战略列入党中央和国务院关于能源生产和消费革命的重大战略部署中，落实我国农村能源战略行动计划。在国家层面，加大农村能源革命政策支持力度，设立农村清洁能源综合应用示范基地。充分发挥政府在农村能源革命战略中资源配置、能源规划等方面的主导作用，统筹城乡能源综合服务体系建设，充分调动社会各方面的积极性，推动新农村能源建设和环境建设，形成整体合力。加强和提高政府在农村能源革命的战略引领作用，加强农村能源重大问题的战略谋划，加强顶层设计，不断提高能源宏观管理的全局性、前瞻性、针对性。

生态优先是将生态文明建设始终放在农村能源革命的突出地位。必须把低碳发展的生态文明建设理念放在突出的地位，始终把环境保护作为美丽新农村建设的第一要义，新农村建设中的能源、生态、经济要素必须相辅相成，优先考虑生态保护。强调要将生态保护融入经济建设、能源战略规划各方面和全过程，推动形成人与自然和谐发展的现代化农村能源建设新格局。有效控制温室气体排放，保护环境，改善环境质量，促进经济社会可持续发展。

4.1.2　因地制宜，多能互补

坚持因地制宜、多能互补的农村分布式低碳能源网络结构，构建环境影响最小、资源效率最大、经济成本最优的农村能源系统。优化配置资源，根据所属区域富集的低碳能源，制定相应的发展原则。优化小水电、太阳能、风能、沼气、地热和生物质能等组合发展模式，因地制宜地推动农村天然气管网建设和电网结构向大电网、分布式电网及微网并存的格局，各有侧重、相互兼顾，开发形成电、气、热、燃料等多元化产品，推进农村能源的循环梯级利用。

在西北、西南等以高原、山区为主的偏远农村地区，充分发挥风电与小型光伏、水电、生物质发电等在季节、天气、地域上的互补作用，最大限度提升清洁能源在农村电力消费中的比例。形成优化收集资源、按需能效转化、就近消费的分布式开发利用模式，提高能源的利用效率，以此打造具有我国农村特色的多能互补、协调发展的分布式能源格局，缓解农村能源供应问题，合理保护自然资源，促进生态环境的良好循环。

4.1.3　模式创新，全民参与

农村能源发展具有其独特的特性，分布式能源发展还处于初级阶段，没有形成产业规模和全国性的推广，应创新政府管理模式和商业模式进行产业引领和推动。鼓励风险投资、产业基金以多种形式参与农村能源产业创新，积极引导社会资本投资。鼓励通过发行专项债券、股权交易、众筹等方式，探索 PPP、BT 和 BOT 等商业模式创新，加快农村能源示范项目建设。

在建设分布式低碳能源网络中，一切以农民为中心，农民既是农村能源的生产者，又是消费者，全民参与是推动分布式低碳能源网络建设的关键，加强思想教育，发挥农民的积极性和主动性，推动形成全社会节能型生产方式和消费模式，支持农民以多种形式参与清洁能源生产，构筑起最广泛的环保统一战线，切实保障公众的知情权、参与权和监督权，切实发挥出分布式低碳能源网络对环境、社会和经济的效益。

4.2　中国农村能源革命的战略目标

结合我国农村能源发展亟待解决的散烧煤使用比重过大、生物质低效利用和固体废弃物处理未成体系等问题，研究认为我国农村能源革命要针对这三大问题，通过大力开发利用农村地区可再生能源、提高电能占终端能源消费比重、加大天然气使用比例等途径，构建多能互补的能源体系，缓解农村地区能源的供需矛盾。重点要逐渐减少甚至替代散烧煤的使用；减少生物质直接燃烧，转换为生物质清洁高效利用方式，提高生物质资源的利用效率；资源化利用农村固体废弃物，努力建设可持续发展和生态文明的农村地区；重点建设农村分布式低碳能源网络，构建绿色低碳、安全高效的现代能源体系，实现农村节能减排，保护农村生态环境，建设美丽乡村。

4.2.1　示范建设期：2018~2020 年

1. 宏观形势

党的十九大报告指出，从现在到 2020 年，是全面建成小康社会决胜期。要突出抓重点、补短板、强弱项，特别是要坚决打好防范化解重大风险、精准脱贫、污染防治的攻坚战。该时期农村经济将得到较大幅度的提升，在解决农村能源的供需矛盾、散烧煤使用比重过大、生物质的低效利用以及固体废弃物未资源化利用等问题上取得初步成效。农村居民对环境健康风险的关注逐渐提高，推动农村分布式能源网络的建设将成为最适合的途径。以建立农村分布式低碳能源网络示范基地为重点，增加可再生能源在农村能源结构中的比例，替代华北地区散烧煤的使用，通过政策指导，减少生物质直接焚烧利用，并促进固体废弃物合理的资源化利用。

2. 战略目标

以优质能源替代散烧煤将取得初步成效，散烧煤替代率将达到 75%[59~61]，煤炭占农村生活用能消费总量低于 20%；农村地区秸秆综合利用取得初步成果，秸秆综合利用率达 85%以上；农村固体废弃物对环境质量和人居生态环境的不利影响和潜在风险得到有效控制，农村生活垃圾资源化利用率将达到 30%，畜禽粪便资源化利用率达到 75%；农村天然气消费市场得到初步拓展；农村电气化水平明显提高，电能占农村终端能源消费比重达 20%；乡村地区全面解决电网薄弱问题，完成全国小城镇和中心村农网改造升级、贫困村通动力电，实现平原地区机井用电全覆盖，东部地区基本实现城乡供电服务均等化，中西部地区城乡供电服务差距大幅缩小，贫困及偏远少数民族地区农村电网基本满足生产生活需要。

3. 发展重点

以建立农村分布式低碳能源网络示范基地为重点，初步形成"经济调节和技术规范为主、行政管理为辅"的产业发展激励机制。在京津冀、长三角、珠三角等重点区域先行先试，基本完成由天然气、热电联供、洁净优质煤炭产品等替代。支持在农业大省及人口大省开展农村能源转型示范县（区）建设。加快城乡电力服务均等化进程，实现稳定可靠的供电服务全覆盖。推进各类生物质集中供气、沼气集中供气、成型燃料供热项目在农村的应用。利用荒山荒坡、农业大棚或设施农业等建设"光伏+"项目，因地制宜地推动光伏和风力发电在提水灌溉等农业生产中的应用。支持示范县（区）建设新型农村可再生能源开发利用合作模式，加快实现农村能源清洁化、优质化、产业化、现代化。增加可再生能源在农村能源结构中的比例，逐步替代散烧煤的使用。

4. 支撑保障

首先要统一思想，加强组织领导，建立以农村分布式低碳能源为革命目标导向的管理体系，健全领导体制和工作机制，完善规划体系。国家能源主管部门统一协调农村能源发展中的政策问题，对全国农村能源领域包括可再生能源的开发利用实施统一的顶层设计和管理，做到统筹规划和统一部署，提高农村能源开发的总体效率。制定或修订农村能源总体规划，主体功能区规划，区域、专项规划及年度计划，体现能源革命战略意图。依据能源革命战略制定能源分行业、分区域以及重点领域专项规划，注重能源规划和年度计划相衔接。处理好整体与局部、长远与近期之间的关系。

完善规划动态调整机制，提升规划的科学性、权威性和约束力，在规划体系中分解落实农村能源战略任务和目标，形成具体实施方案。建立规划实施、监督检查、评估考核机制，保障规划有效落实。在该时期重点加强政府及职能部门对于禁止散烧煤的力度和决心，扩大散烧煤污染危害的宣传工作，在散烧煤污染严重地区逐步取缔散烧煤，推出经济、洁净的可再生能源替代散煤的使用，势必消除农村居民对散烧煤的依赖。

5. 重大工程

推进各类生物质集中供气、沼气集中供气项目在农村地区的应用，在做好环境保护、科学发展和宣传教育的基础上，加快生物天然气示范工程和示范县建设。选择有机废弃物资源丰富的种植养殖大县，以县为单位建立产业体系，开展生物天然气示范县建设，推进生物天然气技术进步和工程建设现代化。到 2020 年，在生物质资源丰富的华南、东北和西南地区，建设 160 个生物天然气示范县，生物天然气年产量达到 80 亿立方米。

全面推进分布式光伏和"光伏+"综合利用工程。在太阳能丰富的西北、西南地区，根据区域特点，继续普及太阳能热水系统，持续扩大太阳能热利用在农村的普及应用，积极推进太阳能供暖、制冷技术发展，实现太阳能热水、采暖、制冷系统的规模化利用，促进太阳能与其他能源的互补应用。结合土地综合利用，依托农业种植、渔业养殖、林业栽培等，因地制宜地创新各类"光伏+"综合利用商业模式，促进光伏与其他产业有机融合；创新光伏的分布利用模式，在有条件的地区，开展"人人1千瓦光伏"示范工程，建设光伏小镇和光伏新村。

4.2.2 全面建设期：2021~2035 年

1. 宏观形势

从 2021 年到 2035 年，在全面建成小康社会的基础上，再奋斗十五年，基本实现社会主义现代化。该时期城乡区域发展差距和居民生活水平差距显著缩小，基本公共服务均等化基本实现，生态环境根本好转，美丽中国目标基本实现。该时期，从示范建设到全面推广，农村分布式低碳能源网络的基础设施已基本建设完成，可再生能源的开发利用模式基本形成。以分布式低碳能源持续利用为重点，将分布式低碳能源网络的发展与生态环境的承受能力相适应，实现良好的协调发展。解决农村地区的能源供需矛盾，基本实现生物质的高效利用，同时提高固体废弃物的资源利用率，基本实现农村地区资源的循环利用。

2. 战略目标

散烧煤基本禁止，散烧煤替代率将达到 95%；具有区域特点的农村能源开发利用模式运行成熟，秸秆综合利用率达 95% 以上；农村生活垃圾资源化利用率将达到 60%，畜禽粪便资源化利用率达到 90%，农村能源利用水平、效率和区域环境得到根本改善；农村天然气消费市场进一步拓展，天然气居民气化率显著提高，达到 30%；农村电气化水平进一步提高，电能占农村终端能源消费比重达 30%。

3. 发展重点

以全面推广分布式低碳能源网络为重点，因地制宜地开发可再生能源，进一步解决农村地区能源的供需矛盾，将示范建设时期累积的经验教训应用于分布式低碳能源网络的全面推广之中。同时制定严格的农村地区生物质直接焚烧的管理条例，将由生物质直接焚烧带来的环境污染降到极低的程度，农村固体废弃物基本得到资源化或能源化利用。充分利用风能、太阳能、地热能等清洁能替代传统能源。

4. 重大工程

在水能资源丰富、开发潜力大的西南地区，根据生态文明建设要求，统筹全流域、干支流开发和保护工作，适度推动农村小水电建设工作，支持边远缺电地区合理适度开发小水电，在我国西部四川、云南、青海、甘肃四省的贫困地区开展小水电扶贫开发工作。

推动散煤利用严重、地区大气污染严重的华北地区建设一批煤炭清洁利用示范基地，全面推进农村散煤的治理工作，淘汰农村用于取暖和工业生产的中小型燃煤锅炉，利用生物质等可再生能源全面替代散煤。

推动农村固体废弃物体量巨大的华南地区固体废弃物资源化利用的工作，尤其是广东和福建，根据农村区域固体废弃物的成分特点，建设一批多样化利用固体废弃物的示范点，推动农村固体废弃物焚烧发电和热解气化等资源化利用技术的应用，做到农村固体废弃物从无害化到资源化。

5. 支撑保障

加强对秸秆等生物质资源综合利用的政策倾斜，推广"以奖代补"的方式，将政府在禁烧秸秆和散烧煤监管上的投入用来扶持农林资源回收，变堵为疏，调动广大农民的积极性。促进农村能源政策与财税、金融、土地、价格、环保、产业等相关政策统筹协调，确保各项政策措施的连贯统一，提高政策综合效力。加强制度配套，用能权、用水权、排污权、碳排放权与初始分配制度建设相配套。严格约束性指标管理，加大审批事项取消下放力度，更多发挥市场机制作用。加大改革创新力度，推进适应农村可再生能源特点的电力市场体制机制改革示范，逐步建立新型电力运行机制和电价形成机制，积极探索多部制电价机制。

4.2.3　可持续发展期：2036~2050 年

1. 宏观形势

从 2036 年到 2050 年，在基本实现现代化的基础上，再奋斗十五年，把我国建成富强民主文明和谐美丽的社会主义现代化强国。到那时，我国物质文明、政治文明、精神文明、社会文明、生态文明将全面提升。该时期，社会经济发展进入稳定时期，人口也基本达到峰值，能源消耗与社会经济发展水平基本实现平衡，建成能源文明消费型社会，并进入可持续发展期。

2. 战略目标

展望 2050 年，农村全面建成绿色、清洁、低碳的现代化能源体系，保障实现农村现代化。散烧煤全面禁止；秸秆综合利用率、农村固体废弃物资源化利用率均达 100%；农村区域环境质量全面提升。

3. 发展重点

以分布式低碳能源持续利用为重点，将分布式低碳能源网络的发展与生态环境的承受能力相适应，实现良好的协调发展。全面解决农村地区的能源供需矛盾，实现生物质的高效利用，提高固体废弃物的资源利用率，实现农村地区资源的循环利用。

4. 重大工程

推动农村天然气管网的建设，有序发展天然气调峰电站，在有条件的华北、华南、西北地区建设一批天然气调峰电站，发展天然气分布式能源，推动天然气发电与生物质发电、太阳能发电和风能发电等新能源发电融合发展，加快散烧煤污染严重的华北地区散烧煤替代工作。推行农村交通领域的气化工作，支持农村天然气汽车的发展，包括城乡公交车、物流配送车、载客汽车、环卫车和农业用车等以天然气为燃料的车辆。

农村能源互联网示范工程。建设以智能电网为基础，与热力管网、天然气管网、交通网络等互联互通，电、热、冷、氢多种能源形态互相转化的农村能源互联网试验示范工程。在西南、西北等低碳可再生能源丰富的偏远地区建立一批新能源微电网的示范基地，逐步提高可再生能源渗透率，探索建设 100%可再生能源多能互补能源网。建设高灵活性的柔性能源网络，接纳高比例可再生能源、促进灵活互动用能行为和支持分布式能源交易；研究标准化、模块化的不同能源网络接口设备，支持多种能源形态灵活转化、高效存储；研究电网、气网、热网等智能网络的协同控制调度技术研发气、热、电多物理量智能终端高级量测系统。

5. 支撑保障

健全监督管理体系。加强统筹协调，各有关部门周密部署、强化沟通协作，形成工作合力，要对战略目标落实情况进行跟踪分析和督促检查，及时解决实施中遇到的问题。建立战略任务落实情况督促检查和第三方评价机制，完善长期监测、滚动调整、绩效评估和监督考核机制。同时，发挥舆论监督作用，完善公众参与机制，加强信息公开，引导公众参与战略贯彻落实的全过程，提高战略推进、独立监督、科学管理、民主决策的水平。运用科学方法，注重政策的效益性，以政策带动更广泛民众和投资主体的参与力度。注重财税补贴策略，对可再生能源、分布式低碳能源的生产、利用和消费实行切实可行的支持政策。针对可再生能源，政府给予财政和税收的优惠政策，包括建立专项基金给予补助，并为加强可再生能源能力建设提供科研投入、教育投入和人才培养。注重农村能源政策的长效机制，不断推进体制机制的创新与完善。

4.3　中国农村能源革命的路线图

4.3.1　实施清洁能源替代工程，全面禁止农村散烧煤和秸秆直接焚烧

大力发展农村地区分布式低碳能源网络，加快推进农村地区"电代煤""气代煤"等清洁能源替代工程，在禁煤区内完成除电煤、集中供热外燃煤"清零"，大幅降低农村地区燃煤污染。加强政府及职能部门对于禁止散烧煤的力度和决心，扩大散烧煤污染危害的宣传工作，在散烧煤污染严重地区逐步取缔散烧煤，推出经济、洁净的可再生能源替代散烧煤的使用，势必消除农村居民对散烧煤的依赖。

4.3.2　完善农村生物质资源的分类收储制度，深化农林废弃物资源化利用

加强对秸秆等生物质资源综合利用的政策倾斜，推广"以奖代补"的方式，将政府在禁烧秸秆和散烧煤监管上的投入用来扶持农林资源回收，变堵为疏，调动广大农民的积极性。

重点在京津冀等大气污染防治区、粮棉主产区等区域构建农村生物质资源分类、收、储、运、用体系，到2020年底，秸秆综合利用率达到85%以上。推动规模化标准化养殖业发展，引导规模化养殖场、养殖小区建设粪污收集、储运、处理利用设施；建立分散养殖粪污的回收处理体系。推动林业三剩物和次小薪材原料化、基料化、能源化利用，开展废旧木材回收利用。加强农村生活垃圾回收处理设施建设，强化对生活垃圾分类、收运、处理的管理和督导，全面推进农村垃圾治理，普遍建立村庄保洁制度，推广垃圾分类和就近资源化利用，到2020年，90%以上行政村的生活垃圾得到处理，全面消除农村垃圾乱扔乱放、农林生物质废弃物露天焚烧、畜禽养殖废弃物随意排放现象，农业主产区基本实现区域内农业资源循环利用；到2025年农村生活垃圾基本得到无害化治理；2030年乡村废弃物实现就近资源化，乡村废弃物趋零排放。

4.3.3 推动农村可再生能源重大工程的建设

精准实施能源扶贫工程。在革命老区、民族地区、边疆地区、集中连片贫困地区，加强能源规划布局，稳步推进"生物质扶贫""光伏扶贫"等能源扶贫项目建设。调整完善能源开发收益分配机制，增强贫困地区自我发展"造血"功能。继续强化定点扶贫，加大政府、企业对口支援力度，重点实施生物质、光伏、天然气开发利用等扶贫工程，建立长期可靠的项目运营管理机制和扶贫收益分配管理制度。确保能源扶贫项目与贫困人口精准对应，切实实现"精准扶贫、有效扶贫"。

加快生物天然气示范工程和示范县建设。选择有机废弃物资源丰富的种植养殖大县，以县为单位建立产业体系，开展生物天然气示范县建设，推进生物天然气技术进步和工程建设现代化。建立原料收集保障和沼液沼渣有机肥利用体系，建立生物天然气输配体系，形成并入常规天然气管网、车辆加气、发电、锅炉燃料等多元化消费模式。到 2020 年，生物天然气年产量达到 80 亿立方米，建设 160 个生物天然气示范县。

全面推进分布式光伏和"光伏+"综合利用工程。继续在广大农村地区普及太阳能热水系统，持续扩大太阳能热利用在农村的普及应用，积极推进太阳能供暖、制冷技术发展，实现太阳能热水、采暖、制冷系统的规模化利用，促进太阳能与其他能源的互补应用。结合土地综合利用，依托农业种植、渔业养殖、林业栽培等，因地制宜创新各类"光伏+"综合利用商业模式，促进光伏与其他产业有机融合；创新光伏的分布利用模式，在有条件的地区，开展"人人 1 千瓦光伏"示范工程，建设光伏小镇和光伏新村。

农村能源互联网示范工程。建设以智能电网为基础，与热力管网、天然气管网、交通网络等互联互通，电、热、冷、氢多种能源形态互相转化的农村能源互联网试验示范工程。建设高灵活性的柔性能源网络，接纳高比例可再生能源、促进灵活互动用能行为和支持分布式能源交易；研究标准化、模块化的不同能源网络接口设备，支持多种能源形态灵活转化、高效存储；研究电网、气网、热网等智能网络的协同控制调度技术，研发气、热、电多物理量智能终端高级量测系统；研究多能互补综合能源网络内不同类型储电、储热、储冷、储氢装置的优化协调控制方法，研发适用于多能源输入和输出的农村能源互联网能量管理系统。

4.3.4 大力开展分布式低碳能源网络的可靠性、经济性和储能技术研发

在新能源电力系统技术领域,重点攻克高比例可再生能源分布式并网和大规模外送技术、大规模供需互动、多能源互补综合利用、分布式供能、智能配电网与微电网等技术。掌握以太阳能、风能、水能等可再生能源为主的能源系统关键技术,开展地热能利用试验示范工程建设,实现可再生能源大规模、低成本、高效率开发利用。突破风光互补、先进燃料电池、高效储能等农村新能源电力技术瓶颈,加快发展生物质供气供热、生物质与燃煤耦合发电、地热能供热、空气能供热、生物液体燃料等技术,开展生物天然气分布式、多领域应用和区域示范,推进新能源多产品联产联供技术产业化。加速发展农村地区融合储能与微网应用的分布式能源,结合可再生能源发电、分布式能源、新能源微电网等项目开发和建设,开展综合性储能技术应用示范,通过各种类型储能技术与风电、太阳能等间歇性可再生能源的系统集成和互补利用,提高可再生能源系统的稳定性和电网友好性。

4.3.5 构建以可再生能源为主体的"源-网-荷-储-用"运营模式

大力发展"互联网+"智慧能源,构建微电网运行、虚拟电厂调度平台,构建以可再生能源为主体的"源-网-荷-储-用"协调发展模式,建设农村集成互补的能源互联网。促进农村地区用户端智能化用能、能源共享经济和能源自由交易发展,培育基于智慧能源的农村能源新业务、新业态,建设我国农村新型能源消费生态与产业体系。探索农村居民的分布式发电站采用自发自用、余电上网和完全上网等三种结算模式,最大限度地满足农村居民的用能和经济性需求,促进分布式低碳能源网络的建设,让每一个农户、每一个乡村,既是能源的消费者,也是能源的生产者。

4.3.6 加强政策保障和制度创新

应由国家能源主管部门统一协调农村能源发展中的政策问题,对全国农村能源领域包括可再生能源的开发利用实施统一的顶层设计和管理,做到统筹规划和统一部署,提高农村能源开发的总体效率。对于某些成本高出常规能源的可再生能源,其高出的部分采用费用分摊机制,在全国范围

内分摊，鼓励农村分布式可再生能源市场和产业的发展。统筹考虑经济、政治、文化、社会等各个方面，兼顾农民阶层的利益诉求，紧紧抓住事关农村能源全局、社会影响大的重点领域和关键环节，科学合理的制定相关政策，注重农村能源政策的长效机制，不断推进体制机制的创新与完善。

中国农村能源革命发展路线图见图 4-1。

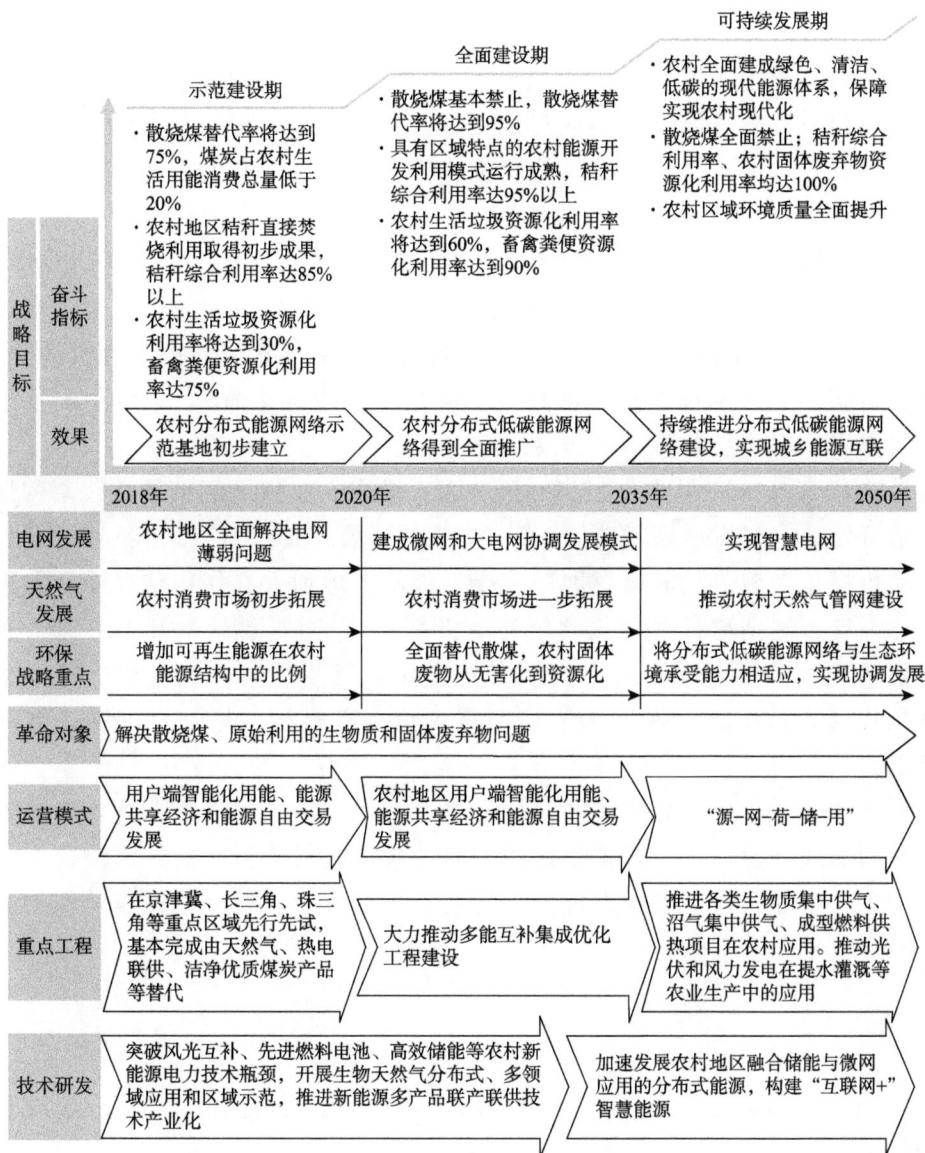

图 4-1　中国农村能源革命发展路线图

第 5 章　政策措施建议

农村能源建设规模小，利用分散，专业化、商业化能源服务体系缺乏，难以引起应有的重视[62]。但农村地区存在大量散煤消耗、畜禽粪便无法有效处理及农林废弃物随意处置等现象，都会影响到国家生态文明建设及美丽乡村建设目标的实现[63]。2016 年 12 月，习近平总书记在中央财经领导小组第十四次会议上指出，推进北方地区冬季清洁取暖，关系北方地区广大群众温暖过冬，关系雾霾天能不能减少，是能源生产和消费革命、农村生活方式革命的重要内容；同时，加快推进畜禽养殖废弃物处理和资源化，关系 6 亿多农村居民生产生活环境，关系农村能源革命[①]。这也是国家第一次提出"农村能源革命"概念。

2017 年中央一号文件指出，要"深入推进农业供给侧结构性改革，加快培育农业农村发展新动能"，进一步强调了要"加快畜禽粪便集中处理，推动规模化大型沼气健康发展"，并且"鼓励各地加大农作物秸秆综合利用支持力度，健全秸秆多元化利用补贴机制"[②]。同时要深入开展农村人居环境治理和美丽宜居乡村建设。实施农村新能源行动，推进光伏发电，逐步扩大农村电力、燃气和清洁型煤供给，实施新一轮农村电网改造升级工程[②]。

总体来看，中央高度重视农村发展及农民生活方式改善，这就要求未来必须加快开发利用农村清洁能源资源，推进农村能源革命，为改善农村生产生活条件、促进农业发展方式转变、推进农业农村节能减排及保护生态环境做出积极贡献。

---

① 中央财经领导小组第十四次会议召开. http://www.gov.cn/xinwen/2016-12/21/content_5151201.htm, 2016-12-21.

② 中共中央　国务院关于深入推进农业供给侧结构性改革 加快培育农业农村发展新动能的若干意见. http:// www.gov.cn/zhengce/2017-02/05/content_5165626.htm, 2017-02-05.

5.1　将农村能源发展纳入国家生态文明体系建设及能源生产和消费革命战略框架

5.1.1　完善指导农村能源发展的顶层组织管理和协调体系建设

要加强农村能源工作的组织管理，首先应当建立多部门合作、上下联动的管理体制。农村能源建设涉及政府普遍服务职能，与农村能源发展相关的各个职能分散在国家发展和改革委员会、国家能源局、农业农村部、水利部、原林业部、住房和城乡建设部、财政部、科学技术部等多个部门，这些机构往往负责单一技术的推广应用，缺乏对农村能源发展的全局协调和谋划，各部门在选择重点区域、主要技术、发展模式等方面也可能存在差异，难以互相补充，影响总体效果。此外，中央和地方在农村能源的发展责任和发展目标上，也时常存在不同认识。而要真正把农村能源建设作为"能源生产和消费革命"的一项重要任务来抓，就必须明确各个机构的责任，并负责推动和落实。

建议成立国家农村能源建设领导小组或类似协调机构，以及在国家能源委员会议题中增加有关农村能源发展问题的讨论，从而统筹各个部门之间的协调管理工作，明确各单位职责，研究制定农村能源建设和发展的重大政策，审议示范试点、技术推广、产业建设等重大行动方案，加强宏观指导，制定有利于促进农村能源发展的综合财政、税收、价格和信贷等经济政策，形成分工合理、密切配合、整体推进的工作格局。

5.1.2　生态文明建设和国家能源革命等战略中应增加农村能源部分的相关指标

要加强目标导向，建立促进农村能源发展的顶层指标体系，引导各类社会资源朝向农村能源加大投入。应在落实国家生态文明建设目标的绿色发展指标以及能源生产和消费革命战略的指标体系中，增加或强化促进农村能源发展的相关内容，如在绿色生活指标体系中，增加体现"农村固体废弃物资源化利用率""农村秸秆综合利用率""农村散煤替代率"等指标，并增加有关指标的考核内容，引导相关部门及地方政府努力改善农村能源发展面貌。

　　要通过指标体系的细化,将农村能源发展纳入各级部门及各级政府的议事日程,首先集中各级政府政策资源,从而克服农村能源消费分散、负荷密度低、环保问题多、基础设施落后等固有困难;其次扩大清洁能源的开发利用,有效解决劣质散烧煤、秸秆焚烧及农村垃圾等影响国家生态文明建设目标实现的各类共性问题。

5.1.3　加强对农村能源建设的战略规划指导

　　应发挥我国规划体系制度优势,提前谋划、统筹,系统性地指导农村能源发展。一是将农村能源纳入国家能源行业综合管理体系,制定"全国农村能源中长期发展战略"和"全国农村能源五年发展规划",改变我国一直以来农村能源领域缺乏专门发展规划的局面。在能源总体发展规划框架下,制定综合性的农村能源规划,对农村能源状况进行调查摸底,开展农村可利用能源资源状况调查和评价工作,制定不同阶段农村能源发展的总体目标及各时期重点任务,提出不同地区的农村能源建设重点,明确传统商品化能源供应体系向农村地区延伸及农村分布式低碳能源应用路径,指导各地加强农村能源建设,同时更好地将农村清洁能源设施有效融入城镇化发展建设规划之中。

　　二是制定农村新能源行动方案,加快各类技术推广应用。应统筹各相关主管部门的政策资源,综合考虑农村当地各类能源资源、适宜技术成熟度及农民取暖、供电、用气等各类需求,因地制宜地制定型煤、油气、电力等各类传统商品化能源技术,太阳能、地热能、生物质能等新兴低碳能源技术,以及节能建筑、高效节能炉具等各项节能技术成果的推广应用实施方案,落实农村各类高效、清洁能源的多能互补协调发展行动计划,切实推动农村清洁能源发展。

　　三是定期召开全国或区域农村能源工作会议,加强各地经验交流,部署各个时期各地农村能源工作重点。应改变农村能源建设因条块分割而形成的信息沟通不及时、交流主体不全面、关注领域太单一的局面,通过定期召开全国或区域农村能源工作会议,明确各地农村能源建设方向,并及时沟通各地建设进展,推广好的经验,交流失败教训,将农村能源工作视野从一般的非商品化能源主题扩大到商品化能源领域。

5.2 建立支持农村能源可持续发展的体系和模式

5.2.1 建立城乡一体化能源供应体系，积极培育农村能源市场

农村能源生产和消费业态要发生革命性的变化，就必须建立现代化的能源供应体系，提高农村地区的专业化能源服务水平。要按照城乡统筹发展、工业反哺农业和城市支持农村的要求，以城乡公共服务均等化为导向，结合城镇化进程和小城镇、新农村建设，加快向农村延伸现代能源供应网络、技术和服务体系。

应优化城乡一体化能源供应体系建设，建立产、储、用、管等多个环节相结合的农村能源发展模式，鼓励各类能源经营企业按普遍服务原则把农村地区纳入供应和服务范围，加强农村地区液化气供应站、加油站、型煤加工点以及村镇生物质燃气站和管网等能源基础设施建设，向农户供应常规能源和提供社会普遍服务，同时建立各类能源设施维修和技术服务站，加快提高向农户供应常规能源和提供社会普遍服务的能力，积极培育农村能源市场，满足日益增长的农村生活用能需要。

5.2.2 建立持续性的农村能源建设资金投入和财税价格体系

农村能源由于消费分散、负荷密度低，难以形成网络化供应和商业化服务，也难以吸引社会资金投入。此外，能源价格和财税政策也没有充分反映能源资源稀缺程度、市场供求关系、生态环境价值和代际补偿成本等，影响了清洁能源在农村领域的应用。为此，应建立充分反映化石能源外部性损害的财税价格体系，并在逐步探索商业模式基础上，形成稳定的农村能源建设资金渠道。

一是加大各级政府投入，将相关项目实施纳入国家财政预算。国家设立农村能源专项基金，或明确可再生能源发展基金中用于农村能源建设资金的份额；各级政府也应把农村能源建设纳入经济建设计划和财政计划，增加农村能源建设投入；统筹各级扶贫资金用途，增加对农村地区生物质能开发利用、光伏扶贫等资金投入，增强贫困地区的"造血"功能，在解

决贫困地区清洁能源供应的同时，增加贫困群众的现金收入；形成中央与地方协同的资金投入机制。

二是建立支持农村能源发展的财税优惠政策。建立对用户终端用能产品的分类补贴制度，如对太阳能热水器、节能炉具等清洁能源下乡产品，以及农村太阳能浴室、村级清洁能源服务站等公共服务设施给予一部分的初投资补贴，引导鼓励农民使用清洁能源产品；对农村清洁能源设备制造和运营服务企业给予税收优惠，减少农村能源服务企业税负。

三是积极实施政府和社会资本合作 PPP 等新的融资经营模式。将 PPP 模式引入适合的农村能源建设体系中，如引导社会资金进入生物天然气建设、农村能源服务站等可商业化运行的领域，建立以政府为主导，引导企业、社会参与的资金投入机制。

5.2.3　积极创造农村能源创新应用平台

农村各地区在资源、气候、经济发展水平、生活质量需求、环境容量等方面存在较大差异。应面向农村用户多种用能需求，根据不同地区、不同气候特点以及不同的经济社会发展状况，统筹开发、互补利用传统能源和新能源，因地制宜地推广适合本地区的分布式能源技术及多能互补等农村能源创新应用模式。

探索"互联网+"分布式能源模式创新。充分利用互联网、大数据等信息技术，发展与建筑物结合的用户侧光伏发电技术；鼓励在学校、卫生院、养老院、浴室以及人口密集的村镇建设集中太阳能热水工程，推动在农村住宅屋顶、公共设施上等安装分布式光伏发电系统；依托渔业养殖、农业设施等，建设渔光互补和农光互补的光伏发电集中区；推广以农林剩余物、畜禽养殖废弃物、有机废水和生活垃圾等为原料的分布式供能模式。

加快农村多能互补供能系统建设。围绕新农村建设，加强终端供能系统统筹规划和一体化建设，因地制宜地实施传统能源与太阳能、地热能、生物质能、风能等能源的协同开发利用，优化布局电力、燃气、热力、供冷、供水管廊等基础设施，通过分布式可再生能源和能源智能微网等方式实现多能互补和协同供应，为用户提供高效智能的能源供应和相关增值服务，推动能源就地清洁生产和就近利用，提高能源综合利用效率。

5.2.4 完善标准体系,加大清洁能源在适宜地区对化石能源的替代力度

加快生物质供热锅炉、节能炉具、农村燃气设施等清洁能源利用设备专用污染物标准的制定,体现生物质成型燃料等绿色低碳清洁环保特性,加快清洁能源在适宜地区对化石能源的替代。研究出台生物质供热工程设计、成型燃料产品、成型设备、生物质锅炉等的标准,推进设备制造标准化、系列化、成套化。完善清洁能源利用设备排放标准体系,加强检测认证体系建设,强化对工程与产品的质量监督。

5.2.5 加快推动农村能源新技术试点示范

鼓励农村能源新技术、新产品和新模式试点。开展沼气综合利用技术示范、农作物秸秆能源化技术示范、能源生态村示范。扩大沼气、生物质能、太阳能、地热能、节能炉具等农村能源新技术、新产品、新成果试点示范和推广应用规模。选择适宜地区开展农村能源清洁开发利用工程多种模式试点示范,推进可再生能源与常规能源体系的融合发展,带动能源利用方式向智能高效转型,提升农村能源管理、推广、服务能力和水平,全面推进农村能源综合建设,改善农民生活用能水平。

5.3 加强农村能源的宣传教育,加大农村地区人才培养力度

5.3.1 加强农村能源知识的宣传和推广,调动农民广泛参与

要加快农村能源建设,应加大农村能源知识宣传力度,形成全社会了解、支持和积极参与农村能源建设的氛围,特别是要以农民为中心,形成政府积极引导、农民深度参与、社会广泛关注的氛围。一是充分利用网络、电视、报纸、杂志等多种媒体,采取多种形式,广泛宣传加快农村能源建设的重要意义,宣传先进典型和成功经验,让全社会特别是农民了解绿色能源知识,逐步培养全社会关心、支持和参与农村能源建设的良好氛围。

二是面向广大农民普及农村能源科学知识，提高农民节能环保意识，鼓励农民接受屋顶光伏、新兴生物质能等新能源技术应用，并积极参与新能源投入，引导农民在政府和社会各界的支持下深度参与农村能源建设。

三是要培育农村能源专业化经营和服务企业，鼓励各类投资主体、农村集体经济组织和农民投资经营农村能源建设项目，大力开拓农村能源市场。

5.3.2　加大农村能源人才培养力度，建设高素质从业人员队伍

要不断提高农村能源建设队伍的人员素质和技术水平，确保农村能源项目建设质量和服务水平。一是加大对技术培训机构等建设的支持力度，在重点院校开办农村能源专业，在有条件的企业开展农村能源技术培训和职业教育，将农村能源人才培养纳入国家基础教育和技能教育培训计划。

二是加快农村能源专业技术人才培养，在全国范围内组织开展不同形式、不同层次、不同内容的技术培训，重点培育一批农村能源产业发展急需的高级复合型人才、高级技术研发人才和熟练技术工人，为推进农村能源革命打下坚实的人力资源基础。

三是做好职业技能鉴定和证书发放工作，建立人才队伍管理秩序，确保建成高素质农村能源建设队伍，保证农村能源建设项目的质量水平。

第6章 河南省农村能源发展案例剖析

河南省具有重要的战略地位，在中国产业布局由东向西的梯度转移和西部大开发战略中，既是梯级发展的重要承接带，又是西部地区向中东部地区开放的跳板和桥头堡。河南省是我国的人口大省，又是农村人口最多的省，更是我国的第一农业大省，其中以生物质资源为首的其他新能源储量非常丰富且多属于可再生能源，但目前农村能源结构不合理、农民贫富差距较大等农村能源问题严重突出。所以，深入推进农村能源建设，提高农村用能效率，加快开发可再生能源，全面推进农村能源革命，是当下河南省促进农村能源转型的重要举措，也是消除农村地区贫富差异的主要途径，更是发展生态文明建设的内在要求。因此，以河南省作为中国农村能源革命与分布式低碳能源发展的试点省，对于在全国范围推广农村能源革命具有很好的借鉴意义，河南省必将以其得天独厚的地理优势和厚积薄发的人口优势在能源转型期大放异彩。

6.1 河南省农村能源发展现状

6.1.1 河南农村能源的供需现状

1. 生活用能区域特征

河南省农村能源中原始形态的生物质能源占农村家庭生活总消费量的比重不高，符合生态能源标准的沼气等清洁能源使用比例达不到10%，农村能源的资源优势并未得到充分的开发与利用[64]。

农村地区能源种类不齐全，绝大部分地区的农户购买天然气、煤气、液化气等一些商品能源还很不方便。河南省各地区消费能源不平衡，豫北、豫中地区消费商品能源比重较大，而豫西南及黄淮四市地区消费传统生物质能源较多，电能在河南省农村地区利用较普遍，太阳能等一些新型能源使用率较低[65]。从表 6-1 可以看出，农村家庭生活用能及消费传统生物质能源（秸秆、薪柴）占总消费量的比例均由南往北呈递减趋势。豫北地区消费煤炭及液化气等商品性资源占其总消费量的比例明显高于其他地区。

表 6-1 各地区农户家庭年均用能结构及比例

原料	用能	豫北地区	豫中地区	豫西南地区	黄淮四市	总体水平
秸秆	用量/千克	54.4	624.9	354.3	788.9	424.8
	折合标准煤量/千克标准煤	27.2	312.4	177.1	394.5	221.2
	比例	4.0%	34.0%	18.0%	49.0%	26.3%
薪柴	用量/千克	93.0	104.4	623.1	355.8	228.0
	折合标准煤量/千克标准煤	53.1	59.0	355.8	78.0	130.2
	比例	8.0%	6.0%	37.0%	10.0%	15.3%
沼气	用量/千克	28.9	59.8	81.8	152.9	64.6
	折合标准煤量/千克标准煤	20.6	42.7	58.4	109.2	46.1
	比例	3.0%	5.0%	6.0%	14.0%	7.0%
煤炭	用量/千克	596.0	466.8	408.1	145.8	419.0
	折合标准煤量/千克标准煤	425.7	333.4	291.5	104.2	299.3
	比例	62.0%	36.0%	30.0%	13.0%	35.3%
电能	用量/千瓦时	231.8	312.7	157.8	243.5	236.1
	折合标准煤量/千克标准煤	92.7	125.1	63.1	97.4	94.4
	比例	13.0%	13.0%	7.0%	12.0%	11.3%
液化气	用量/千克	40.0	33.9	12.6	12.2	11.3
	折合标准煤量/千克标准煤	68.6	58.0	21.6	20.9	25.8
	比例	10.0%	6.0%	2.0%	3.0%	5.3%
合计/千克标准煤		687.9	930.6	967.5	804.2	817.0

除豫西南地区外，其他三个地区的电能消费支出总费用相差不大，黄淮四市地区稍高一些，折算成标准煤后，消费电能从高到低依次为黄淮四市地区 18.8 千克标准煤/月、豫北地区 18.1 千克标准煤/月、豫中地区 18.1 千克标准煤/月、豫西南地区 15.6 千克标准煤/月，具体见表 6-2。

表 6-2　各地区农户家庭月均照明及家电消费电能费用支出

类别	豫北地区	豫中地区	豫西南地区	黄淮四市	总体水平
照明/（元/月）	9.6	9.5	8.6	10.0	9.5
家电/（元/月）	16.6	16.7	14.1	17.2	16.2
总支出/（元/月）	26.2	26.2	22.7	27.2	25.6
总耗量/（千瓦时/月）	45.2	45.2	39.1	46.9	44.1
总耗量/（千克标准煤/月）	18.1	18.1	15.6	18.8	17.7

注：按电价 0.58 元/千瓦时计算

　　河南省农村家庭取暖主要依靠煤炭，其次为电能。农户总体户均取暖总消费量折算成标准煤后为 88.6 千克标准煤/年，其中取暖消费煤炭量为 59.4 千克标准煤/年，占总消费量的 67.0%；取暖消费电能量 29.2 千克标准煤/年，占总消费量的 33.0%。从表 6-3 分地区来看，河南省 4 个地区取暖总消费量折算成标准煤后最多的为豫西南地区，达到了 105.3 千克标准煤/年，其次依次为豫北地区 93.8 千克标准煤/年、豫中地区 93.0 千克标准煤/年，黄淮四市户均年消费量最小，为 60.4 千克标准煤/年。

表 6-3　各地区农户年均取暖消费能源结构

原料	用能	豫北地区	豫中地区	豫西南地区	黄淮四市	总体水平
煤炭	用量/千瓦时	83.7	86.0	106.6	56.1	83.1
	折合标准煤量/（千克标准煤/年）	59.8	61.4	76.1	40.1	59.4
	比例	63.8%	66.0%	72.3%	66.4%	67.0%
电能	用量/千瓦时	84.9	78.9	72.9	50.7	72.9
	折合标准煤量/（千克标准煤/年）	34.0	31.6	29.2	20.3	29.2
	比例	36.2%	34.0%	27.7%	33.6%	33.0%
合计/（千克标准煤/年）		93.8	93.0	105.3	60.4	88.6

2. 消费结构分析

　　如图 6-1 所示，从 2017 年河南省农村能源消费结构来看，目前河南省农村用能供需中液化气、汽油、薪柴、煤炭、电力、太阳能占有较大比例，其中，薪柴和煤炭消耗合计占到能源供需的 1/3 以上，液化气的使用也逐渐成为农村居民炊事用能，而煤炭和薪柴主要在蒸馍、做饭等时间较长的炊事时使用。汽油、柴油消费体现在农村摩托车、轿车和农用三轮车的消耗上。由河南省农村平原（图 6-2）和山区（图 6-3）的能源消费结构对比可知，山区汽油消费略大于平原地区，主要原因是山区交通主要以摩托车为主，平原地带主要以电动摩托车为主。在薪柴和煤炭使用上，两个地区差别较大。农村的煤炭使用主要以煤球为主，散煤和碎煤比例较小。

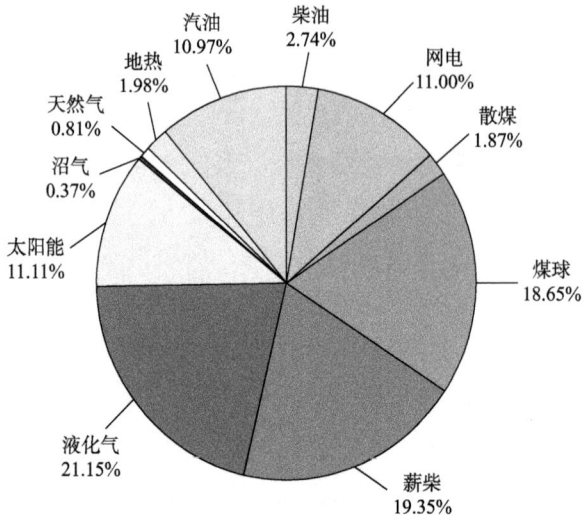

图 6-1　2017 年河南省农村能源消费结构

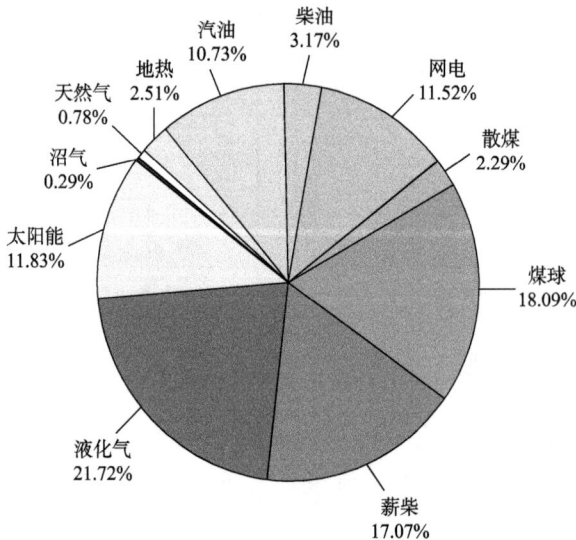

图 6-2　2017 年河南省平原地区农村能源消费结构

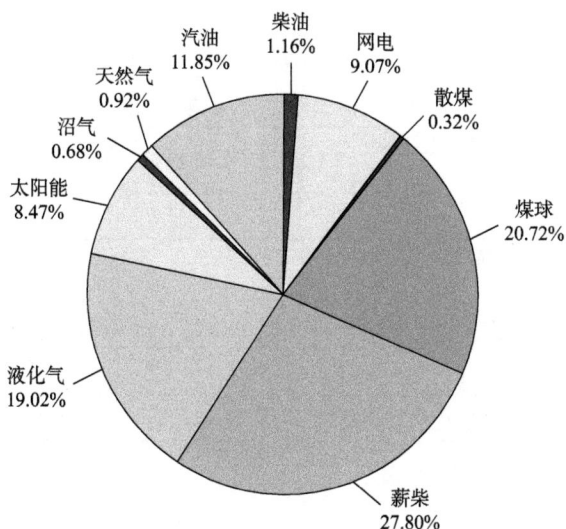

图 6-3　2017 年河南省山区农村能源消费结构

6.1.2　河南农村能源的资源现状

1. 生物质资源

河南省生物质资源丰富。一是农作物秸秆资源丰富，每年秸秆总量 7 000 多万吨，约占全国总量的 1/10[66]。根据《河南粮食生产核心区建设规划》，2020 年河南粮食产量将达到 1 300 亿斤（1 斤=0.5 千克），全省秸秆总量将达到 9 446 万吨。二是林业废弃物资源充足，初步推算，河南省每年林业 "三剩物"（采伐剩余物、造材剩余物、木材加工剩余物）总量约为 300 万吨。三是能源林基地潜力巨大，荒山、荒坡、滩涂等宜林面积广阔，总量达到 1 084 万亩。根据《河南林业生态省建设规划》和河南省林业厅能源林建设规划，2020 年规划建设能源林 780 万亩。以上生物质能资源合计约 380 万吨标准煤，可充分发挥河南省农作物秸秆资源丰富的优势。

河南省农作物秸秆分布不均[67]，从地域上看，南阳、周口、驻马店的秸秆生物质能蕴藏潜力较大，三地的总和占到全省的 35.3%；同时，也可知道河南省秸秆生物质资源可利用量最大的两个地区是周口和驻马店，共占全省可利用总量的 65.5%；根据 2014 年河南省农作物产量、果树枝丫产量以及林业生产情况，参考有关学者[68~70]提出的谷草比（表 6-4）和折算系数[71, 72]（表 6-5），河南农林剩余物资源总量约为 1.2 亿吨，约为 0.6 亿吨标准煤。

表 6-4　河南省农作物谷草比

农作物	稻谷	小麦	玉米	其他谷类	大豆	绿豆	花生	油菜	芝麻	棉花	麻类	烟叶	树枝	薯类	甘蔗	胡麻
谷草比	1	1.1	1.5	1.6	1.6	2	0.8	1.5	2.2	9.2	1.7	1.6	2	1.0	0.1	2.0

资料来源：《朱纯明：河南省秸秆生物质资源量测算》

表 6-5　河南省林业剩余物的折算系数

林业工作	截杆造林	幼林抚育	成林抚育	木材采伐	竹材采伐
折算系数	2.5 吨/百米^2	0.5 吨/百米^2	0.72 吨/百米^2	0.45 吨/米^3	0.005 吨/根

资料来源：《朱纯明：河南省秸秆生物质资源量测算》

由于现阶段农作物秸秆生产主要是在农村[73]，人均农作物秸秆生物质能源密度是以农村人口为基数计算的，得知河南省农村人均可利用秸秆生物质能源密度也呈现出明显的地域差异，最大的是鹤壁。此外，人均可利用秸秆生物质能源密度较大的地区还有商丘、安阳、新乡等地区。由于秸秆等生物质能源密度不高，资源分布分散、收集困难，因此在进行秸秆资源能源产业规划和布局时，必须考虑秸秆的收集半径。在进行生物质能利用时，规模与布局主要受制于资源的丰富程度与收集半径，因而与单位面积上的密度关系更为密切。由单位国土面积可利用秸秆生物质能源密度分布可知，漯河、周口、商丘、鹤壁、许昌、濮阳和焦作 7 个地区较大，其中最大的地市漯河达到 1.94 吨标准煤/千米^2。目前，河南在纤维素转化乙醇技术方面已经取得重大突破并具国内领先水平，初步具备产业化示范条件；生物质成型燃料处于国内领先和国际先进水平，已建立了年产 10 万吨成型燃料的生产基地；生物质发电装机 16 万千瓦，年发电量约 9 亿千瓦时；户用沼气和大中型沼气工程分别为 368 万户和 2 256 处，沼气年利用量达17 亿立方米左右。截至 2016 年，生物质发电 60 万千瓦，现有燃料乙醇产能 80 万吨。

2. 天然气资源

河南省是利用天然气较早的省份之一，但受地质条件和生成环境影响，天然气资源非常有限，天然气基础储量及人均储量在全国居于中等偏下水平。截至 2015 年底，天然气基础储量 72.2 亿立方米，居全国第 17 位，人

均基础储量 76.52 立方米，居全国第 17 位，远低于全国平均水平（3 778.5 米³/
人），仅为全国平均水平的 2.0%。2015 年河南省天然气消费量为 67 亿立方
米。全省天然气主要依靠省外调入，正在利用的主力气源是西气东输一线、
二线，以及中原油田和中石化华北公司的天然气，页岩气尚未进入市场。

3. 太阳能资源

河南省太阳能资源属 Ⅲ 类地区，开发利用条件一般。太阳能年辐射值
在 4 680~5 220 兆焦/米²，符合太阳能资源评估中大于 3 780 兆焦/米² 的区
域为资源"丰富区"的分类标准[74]。全省各地多年平均日照时数为
1 837~2 373 小时，大多数地区日照时数在 2 000 小时以上，日照率为 45%~
55%。其中，豫西南、豫南大部及豫东南局部等市县的日照时数较少，在
2 000 小时以下，尤其是豫西南的南召县，豫东南的息县、商城，日照时数
更少，在 1 850 小时以下，南召县仅为 1 837 小时；豫北、豫西北、豫东等
地日照时数多在 2 200 小时以上，南乐县最多为 2 373 小时。河南省太阳能
资源及分布见表 6-6。

表 6-6　河南省太阳能资源及分布

项目	日照小时数/小时	单位面积辐射/（兆焦/米²）	折合标准煤/万吨
合计	—	4 600~5 000	285
豫东北（安阳、南乐、清丰、濮阳）	2 500 以上	—	—
豫北（沁河盆地）	2 400 以上	—	—
豫东平原	2 400 以上	—	—
伏牛山和外方山区	2 000 以下	—	—
南阳盆地的西南部	2 000 以下	—	—
大别山区和桐柏山区	1 900 以下	—	—
平均值	2 000~2 400	—	—

截至 2015 年，全省共有太阳能发电厂 30 家，总装机 40.8 万千瓦，发
电量为 3.1 亿千瓦时，发电设备年利用小时为 829 小时；截至 2016 年，光
伏发电达到 203 万千瓦时。河南省农村居住面积约为 18 亿平方米，以此估
计太阳能潜力约为 3 亿吨标准煤。利用 Meteonorm 软件，提取出不同城市

的太阳能全局辐射信息，利用各个城市中的农村面积做加权平均，最后得出河南省农村地区的太阳能资源每小时分布曲线，见图6-4。

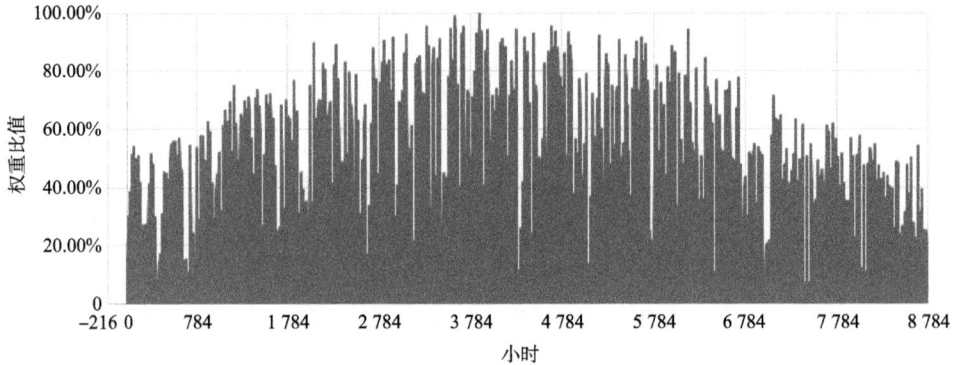

图6-4 河南省农村地区太阳能资源每小时分布曲线

4. 其他资源

风能资源：河南省风能资源属Ⅳ类地区，近年来风力发电技术迅速发展，尤其是低速风电技术的发展，使河南省可大规模利用的风能资源越来越多[75, 76]。据全省风能资源初步分析和场址调查，河南省70米高度年平均风速在5米/秒以上风能资源潜在开发量可达1 100万千瓦，在我国中部地区属于风电开发潜力较大的省份。截至2015年底，全省共有风电场16家，总装机91.2万千瓦，发电量为12.2亿千瓦时，发电设备年利用小时数为1 793小时，截至2016年风能资源发电装机达到182万千瓦时。目前缺乏河南省风力发电每小时统计数据，风力资源的分布特征暂用中国平均数据。2015年河南省农村风力发电每小时分布情况见图6-5。

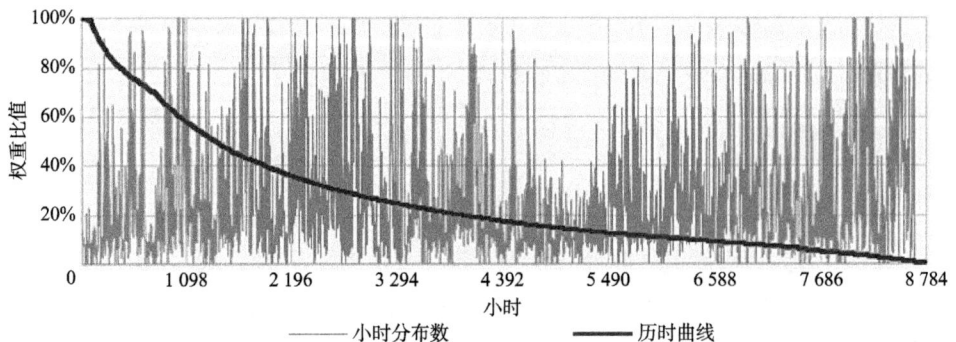

—— 小时分布数　—— 历时曲线

图6-5 2015年河南省农村风力发电每小时分布情况

水能资源：河南省水能资源主要分布于西北部、西部及南部山区[77]。黄河、长江、淮河、海河四大流域干支流的中上游，电力理论蕴藏量为 517 万千瓦。河南省境内大型水电已经开发完毕，基本达到饱和，小水电已开发 746 处。根据 2015 年《河南省水资源公报》，全省水资源总量 287.17 亿立方米，其中，地表水资源量 186.74 亿立方米，地下水资源量 173.07 亿立方米，重复计算量 72.64 亿立方米。省辖海河、黄河、淮河、长江流域水资源总量分别为 20.79 亿立方米、46.51 亿立方米、180.37 亿立方米、39.50 亿立方米，截至 2016 年水能资源发电装机 399 万千瓦时。

地热资源[78, 79]：河南省地热能资源储量居全国中上等水平，主要分为隆起区和拗陷区两种地质构造形式。条带状、层状热储主要呈现于隆起区，层状热储则呈现于拗陷区，特殊情况下，在拗陷区也会存在带状、层状同时存在的现象。42~60 摄氏度主要为大多数井出口温度，如表 6-7 所示。河南省地热资源的开采主要以新近系松散岩储层为主。

表 6-7 地热资源的分布情况

地热分布区	热储面积/平方千米	经济型地热资源量/10^{14} 千焦	地热类型	井深/米	温度/摄氏度
豫北平原区	5 680.06	473.39	沉降盆地	1 000~1 300	40~70
豫西隆起区	5 980.51	75.21	隆起、沉降	0~2 500	40~90
豫中、南区	23 437.56	1 646.15	沉降盆地	1 000~2 673	42~63
豫东平原区	6 952.57	1 172.79	沉降盆地	1 000~1 600	40~60
总计	42 050.7	3 367.54	—	—	—

在河南省内整体土地面积中地热资源热储面积所占比例高达 25.2%，经济型已探明的地热资源总量可计算为 $1.15×10^{10}$ 吨标准煤，二氧化碳排放量可减少 $3.01×10^{10}$ 吨，二氧化硫排放量可减少 $9.77×10^7$ 吨，二氧化氮排放量可减少 $8.50×10^7$ 吨。

6.1.3 河南农村能源的技术现状

1. 生物质能

目前，河南省在生物质能利用技术及规模水平方面基本走在了全国的前列。河南省从事生物质能研发和产业推广的单位已有上百家，其中技术水平较高和产业发展较快的有河南省科学院能源研究所有限公司、河南农业大学农业部农村可再生能源新材料与装备重点实验室、河南省生物质能源重点实验室、河南省秸秆能源化利用工程技术研究中心等科研院所，河南农业大学、郑州大学、河南工业大学、河南大学、华北水利水电大学等高校，河南天冠企业集团、河南秋实新能源有限公司、偃师市新峰机械有限公司、河南奥科新能源发展有限公司等企业。近年来在生物质能源转化和利用方面取得多项成果，并获得包括国家科技进步奖二等奖、国家能源科技进步奖、国家技术发明奖、河南省科技进步奖一等奖在内的多项国家和省部级奖励。生物质能研究整体技术达到国内先进水平，部分技术达到国内领先和国际先进水平，为河南生物质能源规模化利用和河南农村能源革命提供重要的技术支撑。

固体成型燃料技术：以河南省生物质能源重点实验室为依托发展的生物质成型燃料技术为全省生物质固体成型燃料的发展起到很好的推动作用，目前河南省生物质能源重点实验室仍在大力发展生物质颗粒冷态致密成型燃料技术，重点研究了生物质成型压缩过程中的机理，形成了一定的理论基础，攻克了多个难题。

生物质液体燃料技术：生物质通过热解、液化、水解等技术可以转化为液体燃料生物油，生物油经进一步的加氢脱氧提质可以制备生物柴油，可以替代由化石能源制取的汽油和柴油，是可再生能源开发利用的重要方向。近年来河南省在生物质液体燃料发展上取得了可喜的成绩，以河南省生物质能源重点实验室为依托发展了生物质水解制备液体燃料技术，已建成了中试装置，为河南省大力发展液体燃料技术提供了技术支撑。

生物质气化技术：生物质气化技术包括生物质沼气、生物质气化制气、生物质粗合成气重整、生物质合成气费托合成以及生物质合成气制备低碳醇等技术，其中郑州大学、河南农业大学等科研院所和高校在生物质气化技术研发方面不断研究，取得了一定的突破，为河南省大力发展生物质气化技术打下了坚实的基础。

虽然河南省生物质能源技术发展较好，取得了一些突破，但同时也存在一定的阻碍和问题；技术并非生物质能源发展滞后的瓶颈，因此要从政策等方面加强对河南省生物质能源改革力度。

2. 天然气

随着中原油田等油田的不断出现，河南省天然气的气量逐渐增大且用途也越来越广泛，在河南省农村地区主要作为一种高效、优质、清洁的能源供农村居民使用，并在河南省全省农村能源生产和能源利用中的比重不断提高。能源生产结构的变化必然导致能源利用和消费结构的变化，因此，天然气利用的开发显得尤为重要。

3. 太阳能

就应用技术而言，河南省部分农村地区实施了太阳能的屋顶发电并网技术以及高压并网发电技术，在一些典型的示范县进行了成批太阳能的屋顶发电；但是，对于大规模的实施太阳能的屋顶发电并网技术还有待进一步的实施。

4. 其他能源

风能：在风能的利用技术方面主要有集中式风电技术和分布式风电技术，根据河南省农村地区区域特征，主要以分布式风电利用技术为主。总体来看，河南省农村风电还处于起步阶段，主要以试点项目为主，离商业化还有一定的距离。关于风能的多能互补利用，主要为解决风电出力的随机波动性和对电网稳定运行带来的影响，对风能、太阳能、水能等进行优化规划和容量配置，可以实现风能等多种类型能源的互补协调，降低风电出力的不稳定性。关于包含风能的能源互联网技术，国家发展和改革委员会、国家能源局、工业和信息化部联合发布了《关于推进"互联网+"智慧能源发展的指导意见》，但河南省农村可再生能源发电等方面还未取得进展。

地热：河南省农村地热技术在新近系和古近系地层松散、技术含量低、施工难度小、投入低，所以其地热资源开发主要集中在 1 000~1 200 米新生界热储层[80]。而基岩地区由于投资和风险大，技术水平和设备要求高，多数机构不愿意涉足基岩和深部的地热资源钻探和开发，所以导致河南各地在基岩地区地热开发处于一个空白或低开采阶段；同时，地热资源勘查技术手段单一，空白区域的前期勘查精度较低，许多先进的成井工艺及技术得不到及时交流和推广应用，致使地热资源勘查开发得不到新的突破。

6.1.4　河南农村能源的政策现状

1. 生物质能

河南省政府一直将生物质能作为全省能源战略的一个重要组成部分，农村能源政策不仅可以优化全省能源结构，为能源安全供给提供保障，还可以改善农村环境，提高农民的生活质量，也为生态文明建设打下了坚实的基础。《中华人民共和国可再生能源法》对保障性收购、资金支持等可再生能源发展中的热点问题做出了明确规定，有利于沼气和秸秆发电技术的大规模推广。在《中华人民共和国可再生能源法》的框架下，河南省发展和改革委员会等有关部门相继制定了"生物质能的中长期发展的总量目标"，并为贯彻《河南省 2015 年度蓝天工程实施方案》，改善大气环境质量，推进生物质能源的开发和利用，省财政厅通过各级财政部门在生物质能领域开展清洁发展委托贷款业务。贷款支持的生物质能源产业包括：生物质发电、沼气发电、生物液体燃料 3 大类。贷款期限一般不超过 3 年，对于公益性显著、投资回收期长的项目，可适当延长至 5 年。贷款利率在同期中国人民银行指导利率基础上下浮 15%。在生物质发电和生物质液体燃料等领域引入了配额制政策，要求有关电力企业和石油企业在电力和燃料供应中要有一定份额的能源来自生物质能，从而把过去完全依靠政府财政支持的政策转向政府管制下的市场机制，为大规模发展生物质能创造了条件。考虑到生物质能开发与利用对传统能源替代、生态环保等具有显著的综合效益，但其开发和利用成本又暂时无法与传统能源抗衡，全省各级政府拿出资金用于补贴生物质能的开发与利用。

2. 天然气

针对当地能源消费结构调整和大气环境污染防治要求，河南省颁布了相应政策，各地市为响应国家和省内政策，也纷纷根据本地市实际情况提出相应的改善方向。其中，《河南省能源中长期发展规划（2012—2030 年）》提出，到 2020 年 "争取全省能源消费总量不突破 3.8 亿吨标准煤……非化石能源占能源消费总量的比重达到 8%左右，天然气占能源消费总量的比重达到 10%左右";《河南省 2016 年度蓝天工程实施方案》提出,"严格控制煤炭消费总量",提高天然气等清洁能源消费量,主要发展方向是 10 吨/小时及以下燃煤锅炉改造、汽车"油改气"和"油改电"等技术。

3. 太阳能

河南省太阳能产业发展受到省委省政府的高度重视,并出台了一些政策规划。成立了新能源产业发展指挥部及其办公室。虽然河南省农村太阳能产业发展取得了一些成果,但是太阳能应用企业缺乏。目前,河南省没有一家太阳能企业上市。太阳能企业发展人才缺乏,总体上技术研发能力弱,政府支持力度不够,金融机构的信贷优惠不足。很多太阳能企业盲目扩大规模,潜在隐患较大,而具有明显技术优势的太阳能光热发电几乎未涉足。

4. 其他能源

风能:在国家能源规划中,河南省未被列入风电发展重点区域,但在全球能源危机、环境恶化的大背景下,在风电发展的兴盛时期,河南省根据《中华人民共和国可再生能源法》积极争取风电的发展。河南省发展风电具有一定优势,常见的风电产能过剩、电网滞后、接网输送消纳困难等问题,在用电负荷高、风电比重低的河南省变得相对较轻,风电项目弃风比例会相应较低,经济上可行;同时,符合国家产业政策,争取到国家层面的扶持和支持。

地热:在地热政策现状部分河南省制定了《河南省地热资源勘查开发管理办法》《河南省浅层地热能勘查开发管理办法》《河南省地热能开发利用技术规程》《河南省地热能开发利用规划》,并制定相关优惠政策、措施,鼓励新能源的勘查与开发。

6.2　河南省农村能源发展经验

6.2.1　政府高度重视紧密出台农村能源发展政策

河南省政府非常重视农村能源的发展,紧密出台了一系列能源发展的政策。《河南省"十三五"能源发展规划》提出要"发挥我省资源和区位优势，顺应能源发展新形势，优化'四基地、一枢纽、两中心'（即清洁煤炭基地、先进生物质能示范基地、绿色煤电基地、中原炼化基地，全国电力联网枢纽，全国重要煤炭储配中心和区域性油气输配中心）总体布局"，到2020 年要基本形成清洁低碳、安全高效的现代化能源体系，力求最大限度降低能源活动对环境的不良影响。鼓励因地制宜采用大型超低排放燃煤或燃气锅炉和可再生能源等供热方式，满足居民和工业用热需要。

6.2.2　清洁能源燃煤替代

让农民放弃散烧煤改用燃气和电力，是河南省大气污染防治的重要举措。河南省的牧野区丰乐里新村、东西马坊村，红旗区闫屯社区、陈庄社区、卫滨区八里铺村、南高村，凤泉区何屯村、滨河社区，高新区和兴社区、和旺社区成为河南省"煤改气、煤改电"工程建设示范村。

1. 农村电网的升级改造

农村电网的升级改造符合河南省农村地区的实际情况。在河南省农村地区推广应用农村电网工程典型设计，减少散烧煤的使用量，大大减少二氧化碳、多环苯类致癌物和"黑烟"等污染物排放，大力推进清洁能源的利用，把农村电网建成布局合理、装备先进、运行灵活、管理科学的现代农村电网，为河南农村农业生产、农民生活、农村经济发展提供可靠清洁能源。

2. 农村沼气的普及推广

为高效收集垃圾沼气,河南省新乡市沼气发电厂里一根直径 20 厘米的管道通向不远处的垃圾资源化处理场，在垃圾填埋区打下 96 口收集井，通过相应设备把沼气抽出来，再输送到预处理系统和发电机组，等于是将原本当废弃物处理的生活垃圾转换成了能源，起到了变废为宝的作用。1 吨生活垃圾经填埋处理能产生约 130 立方米沼气，1 立方米沼气燃烧发电约1.7 千瓦时。该项目对农村沼气的使用起到了很大的推动作用，使再生资源利用、节能减排、环境治理等工作向前迈进了一大步。

6.2.3　生物质技术和产业取得重大突破

大胆尝试科技创新驱动，积极疏通秸秆等生物质原料流通渠道，既可避免焚烧带来的大气污染，又能提高秸秆类生物质资源的利用率。河南省以生物质原料为基础，以生物质能利用技术和相关企业为保障，构建生物质利用产业链，产业链上的各种企业在农村地区形成企业群集，促进经济活动在局部空间上的集中，从而吸收大量的农村劳动力，消耗大量的生物质能原料并取得了重大突破。每年如果把河南省的 2 000 万吨秸秆等农业废弃物用作生物质能源，收集成本按照每吨 200 元，则 2 000 万吨可为当地农民增收 40 亿元，覆盖农民 1 000 多万人，人均增收约 400 元；同时，2 000 万吨的秸秆等生物质能利用产业可满足 5 万~10 万人就业，对农业大省的经济发展方式转变起到积极的作用。生物质的能源化规模化利用，具有双向清洁作用，以秸秆为例，如果不被利用就难免被就地焚烧，随意焚烧时会释放大量的二氧化碳，导致大气中二氧化硫、二氧化氮、可吸入颗粒物三项污染指数明显升高，还会引起非常明显的雾霾现象，危害人体健康，影响民航、高速等交通的正常运营，2 000 万吨的秸秆可替代标准煤约 1 000 万吨，减排二氧化碳 2 200 万吨，减排二氧化硫 20 万吨。这些农业废弃物转化为生物质能源，一方面大大缓解了农作物秸秆等生物质随意焚烧带来的空气污染，另一方面替代了化石能源，起到节能减排的作用。农业废弃物资源的能源化利用促进其规模化利用，对促进农业经济、低碳经济的发展具有重要的意义。

【典型案例】

河南天冠企业集团有限公司（以下简称河南天冠）以玉米、小麦、薯类、糖蜜或植物等为原料，经发酵、蒸馏等一系列反应将乙醇进一步脱水再经过不同形式的变性处理后成为变性燃料乙醇。生物质燃料乙醇的生产技术拥有目前全国最大的 20 万吨生产装置，并拥有目前国际最先进的低成本脱水技术，它比目前的共沸法、盐萃取、分子筛、膜分离等都更适合大规模化和低成本生产，这也是专有技术优势。成功开发燃料乙醇并率先推动燃料乙醇在我国的大规模推广，实现了传统乙醇行业到新兴生物能源产业的历史性跨越，为我国推动能源替代、农业发展以及环境改善做出了积极贡献。河南天冠生物质燃料乙醇生产工艺图见图 6-6。

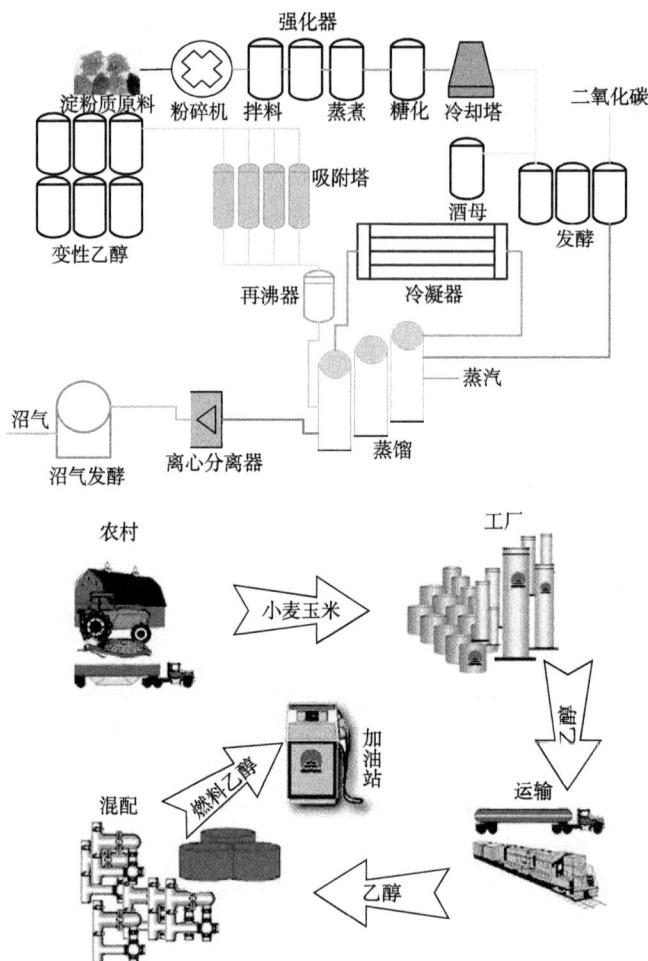

图 6-6　河南天冠生物质燃料乙醇生产工艺图

6.2.4　生活垃圾等固体废弃物资源化利用成绩显著

河南省现在的农村生活垃圾处理不外乎填埋、焚化和堆肥三种方式[81]，不但浪费资源，占用土地面积大，而且经过一段时间的发酵，臭气、污水等污染物会影响周围环境和地下水源，极易对土壤、地下水等资源形成二次污染。登封市相关负责人表示为了改变农村垃圾乱扔乱放的状况，以马窑村为试点，在各行政村积极探索垃圾分类处置模式，按照"户分类、村收集、厂处理"的模式，村民在家里就对生活垃圾进行分类，分成三大类：灰土垃圾、厨余垃圾、其他垃圾，村里环卫工每周定时、定点上门收集垃圾。各行政村将垃圾分类处理写入村规民约，每月还评出环境最美家庭，并给予一定奖励。

为了有效将垃圾变废为宝，登封市筹资建成了一座生活垃圾资源化利用的处理厂，走出了一条农村生活垃圾资源化利用的新路子。各村的生活垃圾集中运输到处理厂后，工人进行分拣，电池之类的有害垃圾移交有关部门集中处置，玻璃、废旧金属等可回收垃圾集中送到有关厂家回收利用。其余垃圾则在分选机内处理，粉碎后的灰土垃圾和厨余垃圾混合发酵变成有机肥，直接还田；可燃垃圾经高温熔化后，变成大量的黑色燃料（垃圾煤），可以作为水泥厂、电厂的燃料使用，也可掺入煤炭内制成煤球，实现二次利用。目前，原有的 8 个垃圾填埋场已全部停用，仅此一项，节约土地 60 余亩。此外，垃圾处理厂一年可产生 3 000 吨有机肥，处理后的有机肥全部垫到"四荒"（荒山、荒沟、荒丘、荒滩）土地上的话，一年至少产生新的耕地 20 亩。

6.2.5　农村能源革命试点工程已开展并初显成效

河南省在以兰考县和永城市为代表的十几个市县开展了农村能源革命试点工程，其中兰考县和永城市两个市县的试点工程正在有条不紊地开展，并取得了一定的成效；另外几个市县的试点工程正在建设中，目前，河南省发展和改革委员会还正在规划一些其他的重点试点工程。

【典型案例一】

兰考职业技术学院地热供暖制冷项目总供暖制冷面积 33.3 万平方米，总投资 6 500 万元，总供热能力为 18 兆瓦，年总供热量 $1.4×10^8$ 兆焦（按锅炉效率 80%，折合标准煤 4 760 吨），用电 346 万千瓦时（$1.25×10^7$ 兆焦），采暖季减排二氧化硫 113 吨/年，减排氮氧化物 35 吨/年，减排二氧化碳 13 528 吨/年，减排效果明显。设计制冷能力 22 兆瓦，年测算制冷量 $9.62×10^7$ 兆焦（4 373 万千瓦时），制冷能耗 764 万千瓦时。满足兰考职业技术学院 33.3 万平方米供暖、制冷、生活热水制备的功能需求（图 6-7）。

图 6-7　农村地热供暖制冷项目典型示范工程图

【典型案例二】

河南恒聚新能源设备有限公司是以研发制造"风光热储农"一体化热电联供系统和相关设备为主的科技创新型企业，主要产品为大功率垂直轴风力发电机组、太阳能光热储能系统等。公司占地 180 亩，一期投资 2.95 亿元。"风光热储农"一体化热电联产系统是先将光能和风能储存起来，光能作主体，风能作补充。光能先转化为热能再转化为电能（水作为介质用于储能），风能先转化为电能再转化为热能最终转化为电能，整个储能工程可以控制，储能时间长，储能罐能提供稳定的能源输出，主要解决弃光弃风等问题。

本技术可以捕捉低风速（2 米/秒）的风能，且热蒸汽是连续的，不追求单纯的转化率，但总的发电小时数较高，年均 6 000 多小时稳定的发电小时数，整个能效的稳定性和连续性好。

【典型案例三】

谷营镇光伏小镇位于兰考县谷营镇姚寨村，属黄河滩区移民迁建项目。该项目以节能环保、绿色发展为理念，融入宜居生活、休闲旅游的概念，全力打造一个区域协调发展的示范点。屋顶分布式光伏：在谷营镇回迁安置房屋顶安装分布式光伏发电，采用自发自用余电上网方式，节能减排的同时还可以为农民带来售电的收益。标准村室与"鑫广场"：标准村室采用新型装配式建筑，采用绿色节能理念打造，结合分布式光伏发电，满足村委办公、村民活动等功能要求；"鑫广场"为村民的休闲活动场所，广场除满足一般村民活动休闲功能外，还与光伏新能源的概念结合。光伏走廊：计划在光伏小镇村道两旁，建设光伏走廊。采用新型高效光伏组件，达到美观、实用的效果，为兰考的名片起到很好的宣传示范效应。其农村社区建设示范项目见图 6-8。

图 6-8　农村社区建设示范项目

6.3　河南省农村能源发展遇到的问题

6.3.1　顶层设计和总体规划缺乏

以生物质能源为首的河南农村可再生能源的大规模应用关系到农村生产生活方式的变革，是一项巨大的战略性系统工程。虽然河南省能源局运用系统论的方法，从全局的角度对农村能源革命项目的各方面、各层次、各要素统筹规划，通过集中有效的方式高效快捷地实现了组织管理，但由于国家顶层设计的缺乏，河南省内的一些组织实施管理措施没有起到应有的作用，致使大量可再生资源未被有效地合理开发利用，迫使当下必须要进行能源革命来改变能源结构的现状。所以，应在生物质资源和环境评估的基础上，结合全面建设小康社会的目标，制定可再生能源发展规划，引导农村可再生能源产业有序健康发展。

6.3.2　散烧煤、生物质原始利用和固体废弃物仍是农村能源革命的对象

1. 能源结构不合理——散烧煤所占份额大

河南省农村能源主要以散烧煤为主，而生物质能源利用率低，潜力开发力度不够。据统计，2016 年河南省一次能源消费中非化石能源占比 5.8%，比全国平均水平低 6.2 个百分点；全省能源消费总量 2.38 亿吨标准煤，其

中煤炭生产和消费占全省能源生产和消费总量的 82.5%、75.0%；全省煤炭消费占能源消费比重较高，比全国平均水平高了 13 个百分点；而全省仅农村家庭年耗煤就超过 5 800 万吨，农村散烧原煤占全社会耗煤量的 19%，能源结构不合理[82, 83]，能源结构调整的任务十分艰巨。河南省单位土地面积主要大气污染物排放强度是全国平均水平的 2.9~3.9 倍，可吸入颗粒物（PM10）和细微颗粒物（PM2.5）平均浓度是国家二类地区标准限值 2 倍左右，部分城市大气污染指标不降反升。这与国家"总量、强度双控制"能源政策和大气污染防治要求差距巨大。

2. 生物质原始资源利用率低、开发不足

生物质秸秆资源利用的一个突出特点就是，要因地制宜，结合当地可再生能源资源的分布情况，开展分布式优化利用。2016 年，河南省有燃料乙醇产能 80 万吨，可再生发电装机 844 万千瓦，占全省装机的 11.7%，其中生物质发电 60 万千瓦；但是对于目前农林业生物质资源可利用量约 1.04亿吨的农业大省河南来说，生物质资源利用率很低。

目前农村居民环保意识缺乏，宣传力度不到位，政府督促不及时，导致大部分的秸秆和薪材等生物质能源被就地焚烧产生大量的浓烟，不仅直接影响民航、铁路、高速公路的正常运营，还对交通安全构成潜在威胁，而且使生物质能源资源浪费严重。此外，秸秆露天焚烧直接引起大气污染，导致空气中总悬浮颗粒数量明显升高，并产生大量的碳氧化物[84]。

3. 固体废弃物堆放造成环境污染

河南省农村生活垃圾产量增长速度快，处理率低，将近一半的垃圾未经处理随意堆置，致使大部分的村子出现了"垃圾围村"的现象。垃圾露天堆放产生的酸性和碱性污染物经雨淋渗入土壤，造成地表水或地下水的严重污染；同时，堆放在乡镇的垃圾侵占了大量农田，未经处理或未经严格处理的生活垃圾直接或仅经农民简易处理后用于农田，造成了环境污染和食品污染。这种垃圾往往含有大量玻璃、金属、碎砖瓦等杂质，破坏了土壤的团粒结构和理化性质，致使土壤保水、保肥能力降低。

6.3.3　农村基础设施建设滞后

河南省农村基础设施投资长期依赖国家投资，地方配套和利用外资均

较差，因市、县地方财力有限，其配套资金一般很难落实。农村基础设施建设投资大、周期长、管理难、收效慢等，致使农村基础设施建设融资渠道单一。"以奖促治"专项资金和地方财政配套是目前农村环境整治的主要资金来源，时间久了，生活垃圾基础设施有钱建设、没钱运营的现象比较普遍。政府主导、市场参与、社会协同的格局尚未形成。

6.3.4　农村宣传教育力度不够，农民参与积极性差

由于政府部门部分人员科普环境知识意识缺失，乡镇领导干部环保意识薄弱，村民无法体会环境工作的重要性，以至于大量固体废弃物和生活垃圾堆放等造成的环境问题日益突出，而村民们却对其产生的后果浑然不知。有的村子里，虽然时不时会有组织活动，但大部分村民也不会主动参加，即使参加了也会在实施的过程中脱离了以"环境"为核心的内容。同时，在很多村子里虽然有宣传册，但没有受到农户的接受和喜欢，不但没有达到预期的效果，反而造成更多资源、资金的浪费。在有些村子里，虽然有垃圾桶，但由于宣传和教育跟不上，导致垃圾不进桶，每家每户都会自己找地方随便堆放。

6.4　河南省农村能源革命的思路与方案

6.4.1　战略方针

《河南省"十三五"能源发展规划》指出，"到 2020 年，基本形成以内节外引为基本特征、适应生态文明建设需要、有力支撑全面建成小康社会加快现代化建设的清洁低碳、安全高效的现代能源支撑系统"。同时，遵循农村能源概念和中国农村能源革命分布式低碳能源发展方针提出河南省农村能源革命的战略方针为：顶层设计引领，生物质能优先，示范工程导向，多能协调发展，能源技术创新，全民积极参与。

实现河南省农村能源革命从以往单纯农村能源生产供应拓展到能源生产与解决农村环境、改善生态问题相结合的系统工程上来，通过农村能源革命手段实现农村废弃物资源化,利用农村现有资源就地转化为农村用能，缓解农村经济社会发展对传统化石能源的过度依赖。

1. 顶层设计引领，生物质能优先

河南省农村能源是国家农村能源的重要组成部分。首先，顶层组织引领农村居民树立高度的环保意识，了解能源消费与社会、经济、环境和谐发展的重要性；其次，河南省是农业大省，蕴藏着丰富的生物质资源，顶层设计引领大力优先发展生物质能产业为全省农村能源的发展奠定了较充足的资源基础。因此，以秸秆等农业废弃物加工为主，河南省优先发展生物质能源，大力发展燃料乙醇、生物柴油、秸秆发电、沼气、成型燃料等生物质能源产业，并因地制宜地发展农村沼气，为农村能源革命的全面实施做铺垫。

2. 示范工程导向，多能协调发展

习近平总书记强调"在活动中注意总结典型，及时起示范推动作用"[85]，通过典型示范工程形成农村能源革命的"标杆"，充分发挥榜样的示范引领作用；通过能源互联，让多种能源协调发展，更好地发挥地区的优势能源资源特点，因地制宜地规划并调整能源结构。

3. 能源技术创新，全民积极参与

农村能源一方面要大力发展以生物质能源、太阳能、风能等为基础的可再生能源，以减轻对化石能源的依赖，促进国家能源安全，减缓全球气候变暖趋势；另一方面要从根本上进行能源技术系统的变革，转变现有的能源消费模式，在满足自身能源需求的同时，为国家的能源消费结构转型做出积极的贡献。能源领域的技术创新可以增加能源的利用效率，降低能源的使用成本和风险，同时还可扩大能源的供应，提高能源的转化效率，减少能源排放对环境的负面效应。通过各种媒体加大农村能源科技知识的宣传教育普及，增强农民的能源环保意识。由乡镇工作人员牵头加大力度对当地村民进行宣传教育，调动农民的积极性并鼓励当地民众积极参与。

6.4.2　总体目标

1. 示范建设期：2018~2020 年

1）面临形势

2020 年之前，河南省能源发展面临的形势错综复杂。从国际看，能源

供需格局发生重大变化，非常规油气、核电和可再生能源开发利用规模逐步扩大，煤炭、石油等传统能源价格持续低迷。从国内看，经济发展进入新常态，能源发展面临转型提质新要求，能源供需形势总体宽松，但局部性和结构性矛盾依然突出，在资源环境面临的挑战日益加剧的新形势下，坚持绿色低碳发展战略，加快农村能源发展，提升农村能源产业的竞争力更加迫切和重要。从省内看，工业化、城镇化、新农村建设加速推进，对能源发展提出了更高的要求，保障能源供应、加速推动能源发展方式转变及农村能源发展的任务十分艰巨。

2）战略目标

2020 年在与全国一道全面建成小康社会的基础上，基本形成以内节外引为基本特征、适应生态文明建设需要、有力支撑全面建成小康社会、加快现代化建设的清洁低碳、安全高效的现代能源支撑系统。在确保完成省政府"十三五"能源发展规划目标基础上，力争全省能源消费结构更加优化，用能更加清洁经济。综合多种方法预测，全省能源消费量将达到 2.53 亿吨标准煤左右，煤炭消费需求下降到 70%以下；非化石能源占能源消费总量的比重达到 7%以上；天然气需求快速增长至 170 亿立方米，占能源消费总量的比重达到 7.5%，60%以上的乡镇实现天然气覆盖；单位二氧化碳排放达到国家下达的指标；农作物秸秆利用率达到 50%以上；农村固体废弃物对环境质量和人居生态环境的不利影响和潜在风险得到有效控制，其资源化利用率将达到 50%左右；电能在终端能源消费中比重呈现上升趋势，预计 2020 年达到 3 760 亿千瓦时，农村用电水平有了提高，改善了农村用电条件，全省 35 千伏及以上变电站基本覆盖所有乡镇，村村通动力电，农村供电可靠率达到 99.90%，综合电业合格率达到 99.31%，户均配电容量达到 2.5 千伏安。鼓励因地制宜建设光伏、风电、小水电、生物质等多种形式的分布式能源，清洁能源消费比重、生活垃圾回收和处理率、农作物秸秆处理率大幅度提高，农村能源生产消费结构显著优化。

3）重点任务

率先启动兰考示范工程，以生物天然气、光伏发电、风电、垃圾发电、低碳美丽乡镇建设等为重点，探索可再生能源投资模式，构建多能互补分布式能源系统。按照统筹规划、生态优先、集散并举、有效利用的原则，加强风资源开发；积极推进农村地区个人家庭建设分布式光伏发电系统；推动生物质能源的梯级利用，建设先进生物质能示范基地，提升生物质能

有机肥。实现农作物秸秆的全量化利用，秸秆量的 25% 用于养殖，养殖的畜禽粪便 100% 回收利用；剩余秸秆用于生物天然气的合成。解决农村废弃物造成的空气、土地污染等环境问题，缓解区域能源资源紧张，实现村容村貌根本改观，增加农民收入，为美丽乡村和新型城镇化建设发挥积极作用。构建以厌氧消化为核心技术的三级网络系统，实现农业废弃物收储运、资源化生产、产品销售利用全生命周期跟踪管控。

生物质秸秆资源的收储运：为确保秸秆有效收集以及收集质量，秸秆的收集将由生物天然气企业自行建立收购体系主动收集。构建生物质废弃物资源化利用的"收储运—生产处理—产品销售"总框架体系：第一级是原料的收储运；第二级是生产处理系统，包括厌氧消化、有机肥生产、沼气精制等；第三级是指生物燃气、肥料的销售利用系统。生物天然气企业收购体系主要由三部分构成，一是农作物收割暨秸秆收集系统，二是秸秆分片暂存系统，三是运输系统。在收储运部分，要兼顾农户受益、企业盈利、政府解决污染，还需将秸秆的收储运控制在村镇范围内，确定最优的收集半径，形成农户参与、企业主导、政府推动的农业收储运。可根据每县乡村不同设立村级服务站、乡级综合服务中心等。

畜禽粪便的收储运：畜禽粪便的燃气化处理是最佳的模式，能够有效解决农村的粪便污染问题。对于规模化养殖户，以养殖场为单位收集，集中输送到生物天然气生产厂区。对于散户的养殖，以村为单位进行收集暂存，结合各村的秸秆暂存一起集中分期分批运输至生物天然气生产厂区。

生物天然气的应用去向分为三部分，一是作车用燃料，二是作居民及村民生活燃料，三是进入天然气输送主管网，作生产用燃料或其他区域用气。根据不同的应用方式，结合乡镇实际情况，生物天然气的输送方式也相应采用不同输送方式。首先，生物天然气生产厂选址尽可能靠近天然气输送主管网，便于外输入网的接入；其次，生物天然气生产厂选址也尽可能靠近人口相对密集的居住社区，可对这些社区建设天然气供应管网供应生产及生活用气；最后，对于稍偏远的村庄，采取各村建设储罐和区域供应管网的形式，与车用天然气同样采用加压槽车运输使用。

2）以清洁能源为主体的智慧交通和绿色出行工程

结合河南省农村交通运输实际情况，建设"统一的公众出行信息服务平台"（智能交通信息平台），打造公交优先、慢行交通优先的低排放、智能化交通系统。按照"车、桩、场、储、媒、云"一体化的商业模式，实现车桩场联动、分时共享、智慧调度、信媒互融的绿色出行格局，提升兰考县公共交通车辆驱动能源的清洁化占比，提升调度及与乘客互动的智能化程度。智慧交通及绿色出行架构图见图 6-9。

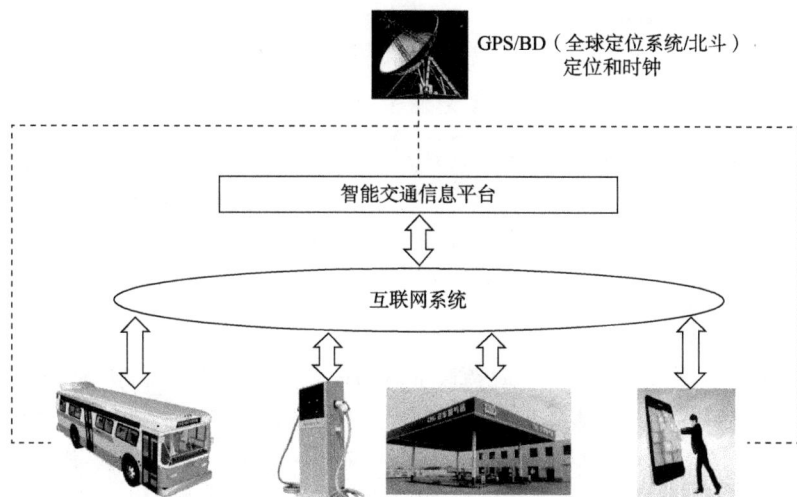

图 6-9　智慧交通及绿色出行架构图

3）以"光伏+"为主体的富民工程

以"光伏+"为主体的富民工程，将分布式光伏与特色农业相结合，在有条件的地方发展高效、集约的农光互补大型光伏电站，主要模式包括光伏+农业、光伏+社区、光伏+工业园区等形式。最终形成分布式光伏：微网、电力交易及能源互联网。

4）以"风电+"为主体的富民工程

利用能源革命带动城乡结构调整，以"风电+"为主体结合富民工程、旅游和乡村道路的建设，实现农民增收，完善基础设施，促进旅游业发展。

以"风电+"为主体的工程重点建设集中式规模化风电开发，实现风电+富民工程、风电+旅游、风电+乡村道路的模式；另外在乡镇负荷中心附近，距离 35 千伏和 10 千伏变电站较近的区域，可根据消纳能力适当建设分布式风力发电，与其他分布式能源形成多能互补微网体系。

5）以"地热+"为主体的富民工程

河南省农村地热资源量优势非常明显，开发方式以中深层地热开发利用为主、浅层地热为辅，分级分类开发，实现阶梯利用，提高综合能效。结合农村社区以高效农业、旅游观光为主，兼顾供暖制冷，采用相对集中的开发模式：地热+生态农业与旅游观光工程和地热+供暖制冷工程替代燃煤，改善民生，发展特色农业和旅游业。

6）能源改革创新工程

率先启动兰考示范工程，以生物天然气、光伏发电、风电、地热供暖、垃圾发电、智慧交通、低碳美丽乡镇建设为重点，探索创新能源投资模式，构建多能互补分布式能源系统，到2021年，全县生活垃圾无害化处理率达到94%以上；农作物秸秆、畜禽粪便资源化利用率达到90%以上，全面淘汰薪柴和散烧煤，农村人居环境明显改善。根据试点经验，推进永城、虞城、商水等后续示范工程建设。

依托安阳鑫贞德农业园区，开展基于清洁能源站中枢的"互联网+"智慧能源示范工程，探索多能源流协同管理、灵活交易与需求响应新模式；依托平煤神马能源化工基地，开展基于智慧能源与工业行业融合发展的能源互联网试点示范，探索需求侧响应与智慧用能相结合的智慧工厂、智能制造新模式。

7）可再生能源发电倍增工程

大力推进山地集中式连片风电基地建设，有序开展平原低风速风电示范，加快发展分布式光伏发电，积极创建光伏领跑者基地，因地制宜，有序推进农林生物质发电，按照合理布局、区域统筹、热电优先的原则，稳步推动生活垃圾能源化利用，到2035年，全省非化石能源资源得到充分开发利用。以三门峡、南阳、安阳、平顶山等山地集中式连片风电基地以及村级光伏电站为重点，大力发展新能源发电，到2020年、2035年，全省新能源发电装机分别达到1 100万千瓦、3 000万千瓦，分别是2016年的2.9倍、7.8倍。

8）能源节约低碳工程

积极开展城镇用能系统优化，综合考虑热电冷气等多种用能要求，因地制宜地利用传统能源和新能源，发展分布式功能系统，实现多能协同供应和能源综合梯级利用。在民用生活、农业等重点行业和重点领域，加快实施"以电代煤""以气代煤"，最大限度地减少散烧煤炭，到2020年，形成电能、天然气替代散烧煤炭总量能力650万吨标准煤以上。加快重点地区地热资源潜力勘查与评价，积极开展清丰、鹿邑、沈丘、范县、兰考等地热供暖试点，总结经验在具备条件的地区复制推广，力争2020年前全省地热供暖面积累计达到1.17亿平方米。

6.4.3　路线图

河南省农业能源革命的路线图见图 6-10。

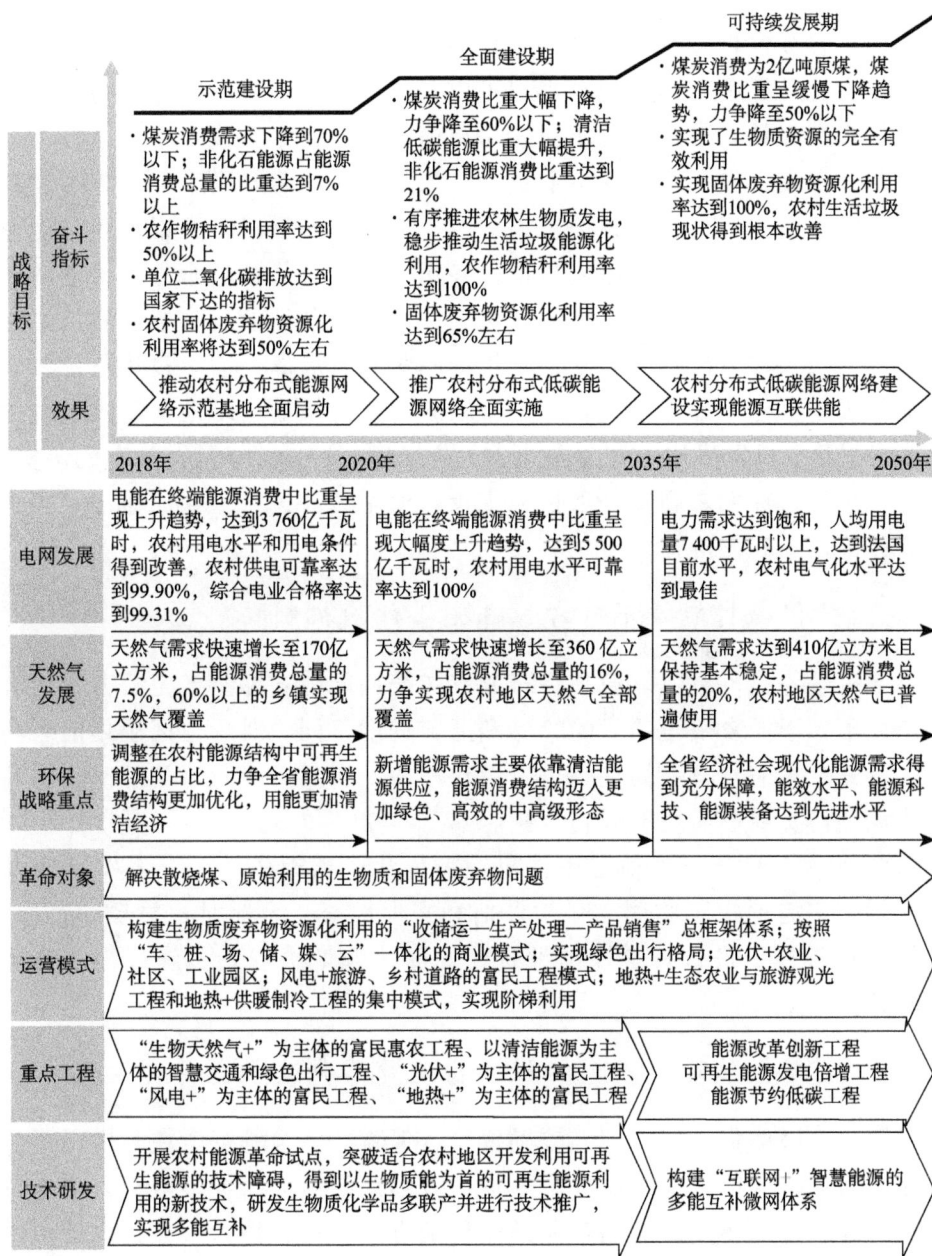

战略目标	奋斗指标	· 煤炭消费需求下降到70%以下；非化石能源占能源消费总量的比重达到7%以上 · 农作物秸秆利用率达到50%以上 · 单位二氧化碳排放达到国家下达的指标 · 农村固体废弃物资源化利用率将达到50%左右	· 煤炭消费比重大幅下降，力争降至60%以下；清洁低碳能源比重大幅提升，非化石能源消费比重达到21% · 有序推进农林生物质发电，稳步推动生活垃圾能源化利用，农作物秸秆利用率达到100% · 固体废弃物资源化利用率达到65%左右	· 煤炭消费为2亿吨原煤，煤炭消费比重呈缓慢下降趋势，力争降至50%以下 · 实现了生物质资源的完全有效利用 · 实现固体废弃物资源化利用率达到100%，农村生活垃圾现状得到根本改善
	效果	推动农村分布式能源网络示范基地全面启动	推广农村分布式低碳能源网络全面实施	农村分布式低碳能源网络建设实现能源互联供能
		2018年	2020年	2035年　　　2050年
电网发展		电能在终端能源消费中比重呈现上升趋势，达到3 760亿千瓦时，农村用电水平和用电条件得到改善，农村供电可靠率达到99.90%，综合电业合格率达到99.31%	电能在终端能源消费中比重呈现大幅度上升趋势，达到5 500亿千瓦时，农村用电水平可靠率达到100%	电力需求达到饱和，人均用电量7 400千瓦时以上，达到法国目前水平，农村电气化水平达到最佳
天然气发展		天然气需求快速增长至170亿立方米，占能源消费总量的7.5%，60%以上的乡镇实现天然气覆盖	天然气需求快速增长至360亿立方米，占能源消费总量的16%，力争实现农村地区天然气全部覆盖	天然气需求达到410亿立方米且保持基本稳定，占能源消费总量的20%，农村地区天然气已普遍使用
环保战略重点		调整在农村能源结构中可再生能源的占比，力争全省能源消费结构更加优化，用能更加清洁经济	新增能源需求主要依靠清洁能源供应，能源消费结构迈入更加绿色、高效的中高级形态	全省经济社会现代化能源需求得到充分保障，能效水平、能源科技、能源装备达到先进水平
革命对象		解决散烧煤、原始利用的生物质和固体废弃物问题		
运营模式		构建生物质废弃物资源化利用的"收储运—生产处理—产品销售"总框架体系；按照"车、桩、场、储、媒、云"一体化的商业模式；实现绿色出行格局；光伏+农业、社区、工业园区；风电+旅游、乡村道路的富民工程模式；地热+生态农业与旅游观光工程和地热+供暖制冷工程的集中模式，实现阶梯利用		
重点工程		"生物天然气+"为主体的富民惠农工程、以清洁能源为主体的智慧交通和绿色出行工程、"光伏+"为主体的富民工程、"风电+"为主体的富民工程、"地热+"为主体的富民工程		能源改革创新工程 可再生能源发电倍增工程 能源节约低碳工程
技术研发		开展农村能源革命试点，突破适合农村地区开发利用可再生能源的技术障碍，得到以生物质能为首的可再生能源利用的新技术，研发生物质化学品多联产并进行技术推广，实现多能互补		构建"互联网+"智慧能源的多能互补微网体系

图 6-10　河南省农村能源革命的路线图

6.5 保障措施

1. 加强农村能源革命顶层组织领导和明确职责分工

成立省级农村能源革命工作领导小组，加强领导，统筹各项能源工程项目的实施及推进工作。领导小组可以各县委常委、常务副省长为组长，副省长为副组长，总体统筹农村能源革命的实施方案。领导小组下设办公室，办公室设在省发展和改革委员会，负责领导小组日常工作，包括能源互联网的建设和运行、能源项目指标的争取、协调项目备案以及各类能源项目的推进工作。领导小组成员单位各司其职，全力推进全省农村能源革命项目的实施。具体按照以下步骤实施：一是以各地的现有资源和技术为基础，明确农村可再生能源开发利用的趋势和发展的方向，量化目标；二是细化规划目标，分步骤实施，分阶段验收，持续而系统地落实既定目标的完成进度，可以采用一把手负责制，一级抓一级，做好具体规划的落实，防止将规划目标束之高阁。项目完成投入使用后，进行长期的监测，完善影响评价体系和评价指标。

2. 强化农村能源革命考核并完善评价机制

示范区各类可再生能源项目对原有传统用能方式和生产生活方式均有一定变革，不同乡镇对项目的接受和适应程度不同，对示范区规划的顺利实施有一定影响。将不同项目进行量化考核，引起各级政府管理部门的高度重视，切实促进项目的顺利实施。

同时建立健全项目动态评估机制，强化《河南省"十三五"能源发展规划》实施的跟踪监测、科学评估和督促检查，定期对相关规划目标、计划执行等情况进行科学评估评价，及时协调解决规划实施过程中遇到的问题。

3. 创新投融资模式，加强农村能源革命政策支持力度

加大金融信贷支持力度。鼓励银行、保险、基金等资金在合理回报的前提下为示范区项目提供低成本融资；鼓励众筹等创新金融融资方式支持各类能源项目的建设，鼓励企业提供包括直接投资和技术服务在内的多种支持。在不影响土地农业功能的前提下，鼓励农民以土地量化折股的方式，

参与组建新型的项目投资主体。

4. 完善农村能源革命战略体系

发挥政府的扶持引导作用，研究利用投资补助、财政贴息、地方立法、税收优惠、价格政策等多种手段，加大对节能、清洁能源发展、能源科技创新、能源安全生产、能源普遍服务等方面的支持力度。建立竞争有序、公开公平的能源投资机制，统筹利用现有相关基金，引导创业资本进入能源领域。加大对可再生能源发展的政策支持力度，积极落实国家促进新能源和可再生能源发展的价格、投资、信贷、税收、入网等激励政策。结合河南省实际，研究促进河南省可再生能源健康快速发展的政策措施，推动能源立法进程。支持省内优势能源装备企业实施新能源示范项目，加强与骨干能源企业对接合作，加快提升河南省能源装备制造水平。

5. 制定农村能源发展战略规划

重点制定发展先进清洁高效能源系统规划，大力发展生物质能等可再生能源，实现农业废弃物、纤维素、半纤维素高效物化/生化转化技术；先进、安全的风能技术及应用，制定探索建立分布式能源低碳经济模式。

6. 强化能源生产运行安全，加强能源行业管理

坚持预防为主、安全第一、综合治理的方针，实行安全生产体制，建立健全能源安全运行长效机制。严格执行国家安全生产设防标准，提高能源基础设施抗灾能力。进一步落实安全责任制，严格安全生产执法，严肃责任追究制度。构建系统科学、层次清晰的能源战略规划和产业政策体系，完善实施监督和评估调整机制。对能源规划、建设、生产、运营、消费等各环节实施全过程监管。研究建立可再生能源配额制考核体系。加强能源行业准入管理，规范开发建设秩序，促进能源产业集约高效发展。认真贯彻国家能源法规政策和能源行业标准，制定实施煤、电、油、气、新能源等地方能源行业管理办法和地方行业标准，积极推动能源企业标准化建设。充分发挥行业协会的作用，促进行业自律。发挥政府部门对能源行业的服务和协调作用，规范能源信息统计、报告和发布制度。

7. 加强教育转变农民消费观念，提高农户节约环保意识

应加强农村居民的基础教育，开展以农民为中心的宣传教育和技术培训，使农民意识到能源消费对社会、经济、环境和谐发展的重要性，进而增加能源消费结构升级的可能性。同时也应加强宣传环保理念，提高环保意识。一要向政府部门宣传，提高领导和工作人员的环保节能认识；二要向广大农民宣传，增强其自觉性和主动性；三要通过各种媒体向社会宣传。通过宣传，形成全社会重视、关心、支持农村能源建设的良好氛围。

6.6   小结

河南省农村能源革命在农村原有能源资源的基础上，以散烧煤、原始利用的生物质、农村固体废弃物等为革命对象，通过系列先进技术，提高可再生能源的利用和农村电气化水平，达到降低化石能源消耗，减少二氧化碳及污染物排放的目标，从而实现可再生能源的高效利用，促进农村循环经济发展，改善生态环境，最终建立绿色、低碳、清洁、高效的农村能源体系。

河南省农村能源革命对大力发展清洁能源和可再生能源系统起决定性作用，也为能源发展与生态文明建设的高度融合打下坚实的基础，是着力推进清洁能源高效发展的重要途径之一；不仅可以减缓我国能源紧张局面，减轻生态保护和环境污染的压力，而且还可以满足农民对水、电、热、气的能源需求，改善农村生存环境，提高农民生活质量，促进城乡协调，实现社会经济的可持续发展，充分利用现有产业特色和资源优势，突出抓好生物天然气及风电、光伏发电、垃圾发电等项目建设，确保示范区建设工作扎实顺利推进；加快推进其他农村地区用能结构的改革，提升可再生能源产业发展，为全国推进农村能源革命示范区建设提供可复制、可借鉴的经验。

参 考 文 献

[1]王效华，冯祯民. 农村能源可持续发展评价方法与实证[J]. 农业工程学报，2002，18（2）：84-86.

[2]张力小，胡秋红，王长波. 中国农村能源消费的时空分布特征及其政策演变[J]. 农业工程学报，2011，27（1）：1-9.

[3]齐中熙，王优玲. 解读中央财经领导小组第十四次会议[EB/OL]. http://finance.people. com.cn/n1/2016/1222/c1004-28967815.html，2016-12-22.

[4]国家发展和改革委员会. 可再生能源发展"十三五"规划[Z]. 2016.

[5]努尔·白克力. 坚定不移推动能源革命向纵深发展[N]. 人民日报，2017-06-13，（007）.

[6]段娜，林聪，刘晓东，等. 以沼气为纽带的生态村循环系统能值分析[J]. 农业工程学报，2015，31（S1）：261-268.

[7]严晓辉，李政，谢克昌. 京津冀农村能源体制机制问题初探[J]. 中国能源，2016，38（1）：32-36.

[8]中国煤炭行业知识服务平台. 中国散煤综合治理调研报告2017[EB/OL]. http://www.china coaljournals.com/i,5,7314,0.html，2017-12-01.

[9]中华人民共和国统计局能源统计司. 中国能源统计年鉴 2015[M]. 北京：中国统计出版社，2015.

[10]中华人民共和国统计局. 中国统计年鉴2015[M]. 北京：中国统计出版社，2015.

[11]农业部科技教育司. 中国农村能源年鉴（2009-2013）[M]. 北京：中国农业出版社，2013.

[12]王长波，张力小，栗广省. 中国农村能源消费的碳排放核算[J]. 农业工程学报，2011，27（S1）：6-11.

[13]刘志强. 能源革命 低碳先行[N]. 人民日报，2017-01-06，（010）.

[14]张栋钧. "小风电"也能发挥大作用[N]. 中国电力报，2016-04-09，（007）.

[15]赵永平. 小水电不是生态祸害[N]. 人民日报，2017-03-19，（009）.

[16]陈义龙. 大力发展生物质能源 实现绿色产业精准扶贫[N]. 人民日报，2016-03-10，（022）.

[17]刘标，陈应泉，何涛，等. 农作物秸秆热解多联产技术的应用[J]. 农业工程学报，2013，29（16）：213-219.

[18]胡启春，汤晓玉，宁睿婷，等. 与生猪产业发展联动的中国沼气工程建设现状分析[J]. 农业工程学报，2015，31（8）：1-6.

[19]王效华，郝先荣，金玲. 基于典型县入户调查的中国农村家庭能源消费研究[J]. 农业工程学报，2014，30（14）：206-212.

[20]艳霞，周连第，李红，等.北京郊区生物质两种气站净产能评估与分析[J].农业工程学报，2009，25（8）：200-203.

[21]武凯，施水娟，彭斌彬，等.环模制粒挤压过程力学建模及影响因素分析[J].农业工程学报，2010，26（12）：142-147.

[22]丛宏斌，赵立欣，姚宗路，等.生物质环模制粒机产能与能耗分析[J].农业机械学报，2013，44（11）：144-148.

[23]吴树彪,刘莉莉,刘武,等.太阳能加温和沼液回用沼气工程的生态效益评价[J].农业工程学报，2017，33（5）：205-210.

[24]国家能源局，生物质能发展"十三五"规划[Z].2016.

[25]国家发展和改革委员会，农业部.全国农村沼气发展"十三五"规划[Z].2017.

[26]李庆国.为了首都蓝天常在[N].农民日报，2017-04-07，（001）.

[27]杨振.农村生活能源消费的环境效应及影响因素分析[J].农业工程学报，2011，27（1）：268-272.

[28]孙永龙，牛叔文，兰忠成，等.牧民家庭能源消费模式的演变及环境效应[J].农业工程学报，2014，30（16）：256-262.

[29]耿维，胡林，崔建宇，等.中国区域畜禽粪便能源潜力及总量控制研究[J].农业工程学报，2013，29（1）：171-179.

[30]杜祥琬：散烧煤替代需要认真规划和实施[EB/OL].http://www.chinapower.com.cn/guandian/20170120/78718.html，2017-01-20.

[31]张青，王效华.常州市农村能源消费影响因素实证分析[J].农业工程学报，2011，27（14）：154-157.

[32]White House. The all-of-the-above energy strategy as a path to sustainable economic growth[EB/OL]. https://obamawhitehouse.archives.gov/sites/default/files/docs/aota_energy_strategy_as_a_path_to_sustainable_economic_growth.pdf，2014-05-29.

[33]王廷康,唐晶.美国能源政策的启示及我国新能源发展对策[J].西南石油大学学报（社会科学版），2009，2（4）：7-11.

[34]李有刚，孙庆梅.欧美农村政策对我国农村社区建设的启示[J].科技管理研究，2013，33（13）：204-208.

[35]National Academy of Science，National Academy of Engineering，National Pesearch Council. Overview and summary of america's energy future：technology and transformation [EB/OL]. https://www.nap.edu/read/12943/chapter/1，2009-01-21.

[36]国家能源局.美国大力发展风电农业[EB/OL]. http://www.nea.gov.cn/2005-08/10/c_131055926.htm，2005-08-10.

[37]Milbrandt A. A geographic perspective on the current biomass resource availability in the United States[R]. United States Department of Energy，2005.

[38]原国家经贸委资源节约与综合利用司赴美节能培训班.美国的节能政策和管理模式及对我国的启示（下）[J].节能与环保，2003，（10）：6-10.

[39]侯佳儒.美国可再生能源立法及其启示[J].郑州大学学报（哲学社会科学版），2009，42（6）：79-84.

[40]顾树华，王白羽.中国可再生能源配额制政策的初步研究[J].清华大学学报（哲学社会科学版），2003，（S1）：29-35.

[41]韩立华.能源博弈大战[M].北京：新世界出版社，2008.

[42]王红彦，王飞，孙仁华，等. 国外农作物秸秆利用政策法规综述及其经验启示[J]. 农业工程学报，2016，32（16）：216-222.

[43]杨骏. 燃料之变带来法国农村新气象[J]. 农产品市场周刊，2011，（36）：58.

[44]燃料之变带来法国农村新气象[EB/OL]. http://finance.sina.com.cn/roll/20060309/1325587991.shtml，2006-03-09.

[45]朱苗苗. 德国可再生能源发展的经验及启示[J]. 经济纵横，2015，（5）：115-119.

[46]刘坚，任东明. 欧盟能源转型的路径及对我国的启示[J]. 中国能源，2013，35（12）：8-11.

[47]黄岚. 欧洲发展可再生能源经验借鉴[J]. 合作经济与科技，2009，（10）：16-17.

[48]中华人民共和国国家统计局. 2016年国民经济和社会发展统计公报[M]. 北京：国家统计局，2016.

[49]程胜. 中国农村能源消费及能源政策研究[D]. 华中农业大学博士学位论文，2009.

[50]沈镭，刘立涛，高天明，等. 中国能源资源的数量、流动与功能分区[J]. 资源科学，2012，34（9）：1611-1621.

[51]刘刚，沈镭. 能源地理学——中国生物质能源的定量评价及其地理分布[J]. 自然资源学报，2007，22（1）：132.

[52]杜祥琬. 中国能源战略研究[M]. 北京：科学出版社，2016.

[53]兰忠成. 中国风能资源的地理分布及风电开发利用初步评价[D]. 兰州大学硕士学位论文，2015.

[54]马伟斌，龚宇烈，赵黛青，等. 我国地热能开发利用现状与发展[J]. 中国科学院院刊，2016，31（2）：199-207.

[55]蔺文静，刘志明，王婉丽，等. 中国地热资源及其潜力评估[J]. 中国地质，2013，40（1）：312-321.

[56]韩晓平. 分布式能源系统的称谓与定义[J]. 中国电力教育，2010，（2）：58-61.

[57]奚利丰，简献忠，胡文君，等. 分布式能源在新型农村电网中的应用与前景[J]. 农机化研究，2013，（4）：226-230.

[58]国家发展和改革委员会，农业部. 全国农村沼气发展"十三五"规划[Z]. 2016.

[59]国家发展和改革委员会，国家能源局. 煤炭工业发展"十三五"规划[Z]. 2016.

[60]国家发展和改革委员会，国家能源局. 能源发展"十三五"规划[Z]. 2016.

[61]天津市人民政府办公厅. 天津市散煤清洁化替代工作实施方案[Z]. 2015.

[62]国家发展和改革委员会. 可再生能源中长期发展规划[Z]. 2007.

[63]柴发合，薛志钢，支国瑞，等. 农村居民散煤燃烧污染综合治理对策[J]. 环境保护，2016，（6）：15-19.

[64]河南省统计局. 河南统计年鉴（2009年）[M]. 北京：中国统计出版社，2016.

[65]边英涛，南晶，徐俊强，等. 河南省农村家庭生活用能消费结构及现状分析[J]. 江西农业学报，2010，22（1）：163-165.

[66]崔保伟，郭振升. 河南省农作物秸秆资源综合利用现状及对策研究[J]. 河南农业，2012，（13）：22-23.

[67]郭永奇. 河南省主要农作物秸秆生物质资源定量评价及其地理分布[J]. 农业现代化研究，2013，34（1）：114-117.

[68]袁振宏，吴创之，马隆龙，等. 生物质能利用原理与技术[M]. 北京：化学工业出版社，2005.

[69]刘刚，沈镭. 中国生物质能源的定量评价及其地理分布[J]. 自然资源学报，2007，
（22）：9-18.

[70]崔明，赵立欣，田宜水，等. 中国主要农作物秸秆资源能源化利用分析评价[J]. 农
业工程学报，2008，24（12）：291-296.

[71]潘小帆，龚林军. 中国生物质能源未来可能的原料分析[J]. 现代化工，2008,（S2）：
7-10.

[72]韩鲁佳，闫巧娟，刘向阳，等. 中国农作物秸秆资源及其利用现状[J]. 农业工程学
报，2002，18（3）：87-91.

[73]崔明，赵立欣，田宜水，等. 中国主要农作物秸秆资源能源化利用分析评价[J]. 农
业工程学报，2008，24（12）：291-296.

[74]丁玉柱，牛春水. 河南省太阳能现状分析及发展研究[J]. 建材发展导向（下），2013，
（18）：15.

[75]孟令先，刘忠明，吴秀春，等. 河南省风力发电业的现状及思考[J]. 装备制造技术，
2009，（11）：96-98.

[76]宋芸. 我国风能资源的开发现状及对策研究[J]. 电力学报，2012，27（5）：49-52.

[77]蔡二俭. 现状条件下河南省水资源评价及其影响因素分析[J]. 河南水利与南水北
调，2015，（13）：57-58.

[78]卢予北，张古彬，陈莹. 河南省地热资源开发利用现状与问题研究[J]. 探矿工程(岩
土钻掘工程)，2010，37（10）：35-39.

[79]苗灿民. 河南省地热资源开发利用现状与问题研究[J]. 资源信息与工程，2016，31
（6）：52-53.

[80]王清利，管华，李斌. 河南省地热资源开发利用及对策研究[J]. 地质找矿论丛，2003，
18（3）：199-202.

[81]任玉芬，徐华山，尹国勋. 焦作市生活垃圾堆肥化处理方法探讨[J]. 河南理工大学
学报（自然科学版），2002，21（6）：452-454.

[82]岳辉. 河南省"十三五"能源消耗总量和能源强度目标分解研究[D]. 郑州大学硕
士学位论文，2016.

[83]张沁涛. 河南省能源产业结构优化问题研究[D]. 郑州大学硕士学位论文，2009.

[84]时在涛，徐广印. 河南省秸秆资源及其利用现状[J]. 科技信息，2011，（15）：
140-141.

[85]人民日报评论员. 人民日报评论员：用好榜样的力量[EB/OL]. http://opinion.people.
com.cn/n/2013/0809/c1003-22498941.html，2013-08-09.

附　　录

兰考农村能源革命案例

1. 基本情况

1）社会形态

兰考县位于河南省东部，地处豫东平原西部，2016 年户籍人口 84.6万。兰考县是河南省省直管县、焦裕禄精神的发源地，是习近平总书记第二批党的群众路线教育实践活动联系点，国家级扶贫开发工作重点县、国家新型城镇化综合试点县，河南省省直管县体制改革试点县、河南省改革发展和加强党的建设综合试验示范县、首批国家级生态保护与建设示范区。

2）经济形态

兰考县是以粮食生产为主体的欠发达农业县。"十二五"期间，兰考县经济规模不断扩大，经济实力显著增强。2015 年，全县生产总值达到 233.56亿元，固定资产投资达到 147.79 亿元，社会消费品零售总额达到 83.22 亿元，公共财政预算收入达到 12.73 亿元。社会各项主要经济指标增速均超过全省平均水平，综合经济实力实现全面提升。

3）能源形态

兰考县目前的能源结构体系是以煤电及燃煤供热为主要能源，辅以燃气、散煤及少量光伏发电、秸秆发电的粗放型、高碳排放型体系，煤电和燃煤等高碳排放能源利用模式约占整体能源消耗总量的80%，清洁能源消耗占比小，且目前还存在一定比例对环境污染大的散煤模式。

2. 兰考县可再生资源现状

（1）生物质资源：兰考县拥有丰富的农林资源。粮、棉、油产量位居全国百强县之列，并已被确定为国家优质粮食产业工程项目县。兰考县又是著名的"泡桐之乡""瓜果之乡"，蔬菜、树莓、桑蚕、食用菌、莲藕、小杂果等特色生态农业发展迅速。2015 年，兰考县有机废弃物（秸秆、畜禽粪便等）资源丰富，年粮食产量 54 万吨，年产有机废弃物秸秆近 41.58 万吨；兰考县畜禽养殖规模较大，猪存栏量 47.54 万头、牛存栏量 7.3 万头、羊存栏量 45.45 万只、鸡存栏量 393.58 万只，畜禽粪便年产生量达 79 万吨，尤其适合规模化生产生物质清洁能源项目工程的建设，为生物天然气生产提供稳定的原材料来源。另外，2015 年兰考县林木覆盖率达到 26.1%，全县造林面积 1.5 万亩，其中用材林 0.7 万亩，同比增长 1.1%；经济林 0.8 万亩，增长 2.0%。

（2）太阳能资源：根据我国太阳能资源区划标准，河南省处于太阳能资源Ⅲ类地区。兰考县位于河南省东部，属河南省太阳能资源相对较丰富地区，大部分区域太阳年总辐射量在 4 800~5 000 兆焦/米^2，太阳能资源具有较好的开发前景。太阳能资源理论储量为 1.5×10^{12} 千瓦时，目前经济可开发量为 0.27×10^{10} 千瓦时。

（3）风能资源：根据 Merra 中尺度数据和县域内测风塔资料进行分析，兰考县域 120 米高度平均风速 5.5~5.7 米/秒，风功率密度 180~200 瓦/米^2，风功率密度等级为 1 级，区域可利用风速的小时数在 7 600 小时以上。兰考县域风能资源储量约为 2 000 兆瓦，分布较为均匀。

（4）地热能资源：根据初步判断，兰考县城的地温梯度，东部为 3.00~3.81 摄氏度/100 米，平均 3.42 摄氏度/100 米，大于 3.50 摄氏度/100 米的范围为条带状，呈南北向展布；西部偏低，在 2.60~3.60 摄氏度/100 米，平均 3.19 摄氏度/100 米，大于 3.50 摄氏度/100 米的范围较小，呈东西向展布。兰考县的地热资源总量为 2.7×10^{14} 千焦，年可开采资源量约为 0.68×10^{14} 千焦，地热能源较丰富，能满足兰考县未来地热能使用需要。

3. 可再生能源开发总体构想

为解决兰考县能源发展存在的问题，根据"十三五"规划、城市总体规划、新农村发展规划、产业发展规划、旅游规划、现代农业产业规划等专项规划，利用县域可再生能源资源储量高、建设条件简单的特点，在兰考县进行农村能源革命，以能源互联网为核心，建立以低碳清洁能源为主的能源体系，有利于促进能源结构性改革，提升经济发展质量和效益，推动经济稳步发展，全面推进兰考县生态文明建设。在解决能源问题的同时，使能源革命成果惠及全体居民，对于全面建设小康社会和加快现代化建设具有重要的现实意义。

　　生物质开发考虑将秸秆量的25%用于养殖，养殖的畜禽养殖粪便100%回收利用，剩余秸秆用于生物天然气的制作；太阳能的开发综合考虑"光伏+农业""光伏+工业园区""光伏+村（社区）"的模式；风能资源的开发考虑"风电+富民""风电+旅游""风电+交通"的因素，采用集中式和分布式开发的模式；地热资源采用地热+生态农业与旅游观光工程、地热+供暖制冷工程的开发模式；城乡垃圾无害化处理考虑采用垃圾焚烧发电处理的模式；风能资源和太阳能资源的开发考虑兰考县燃煤替代和电力负荷的需求，剩余电量根据电网输送能力向兰考县附近负荷中心输送。

4. 示范区建设的基本模式

　　兰考县农村能源革命示范区建设的基本模式主要是在公共互联网和专业化智能化的能源局域网各专业子系统平台下建立子系统平台（附图1），最终实现安全可靠且经济性良好的局域能源网系统，保证智能化能源交易平台能够平衡平稳、科学高效的运行。

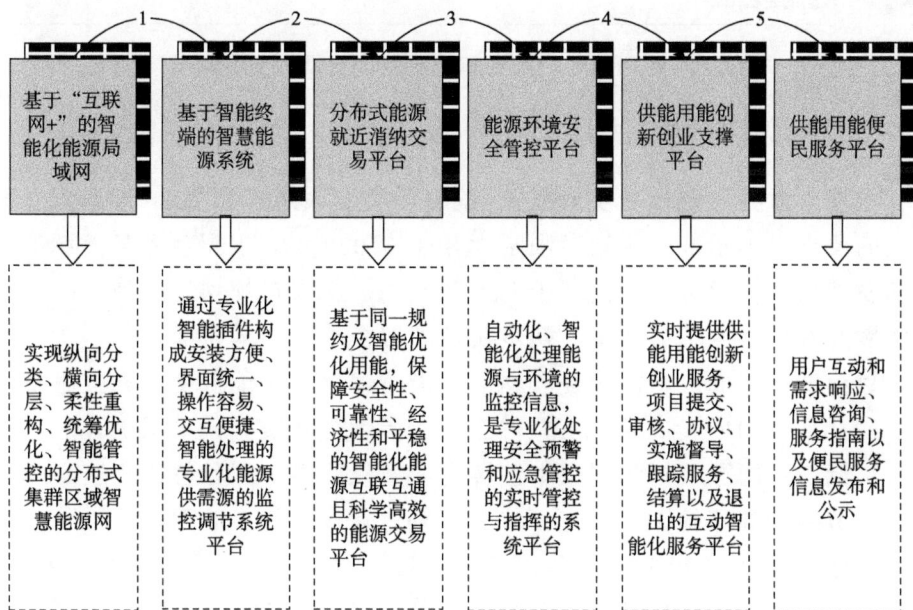

附图1　兰考县农村能源革命示范区建设的基本模式

5. 示范区建设的基本原则

兰考县农村能源革命示范区建设的基本原则如附图 2 所示。

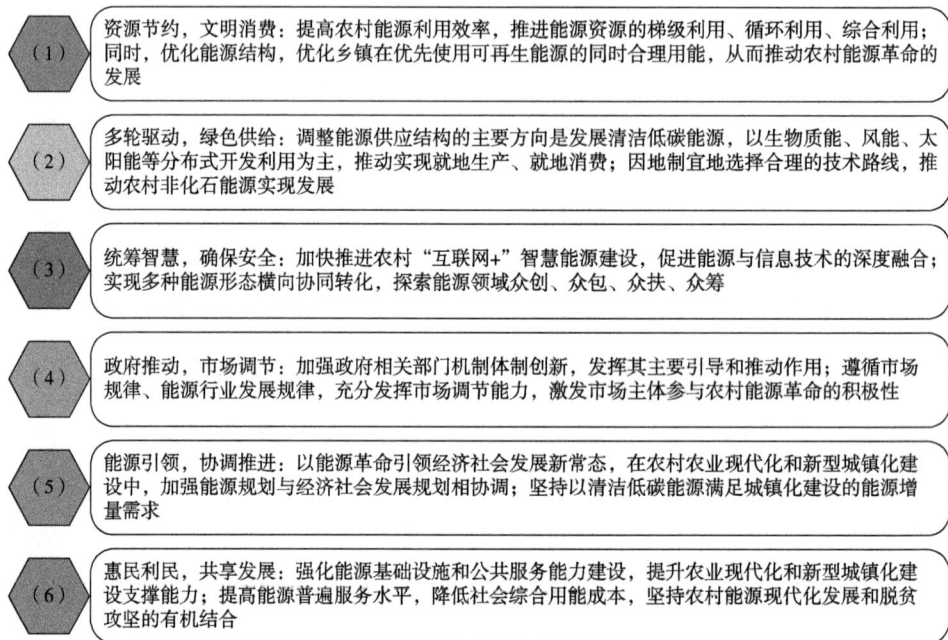

（1）**资源节约，文明消费：** 提高农村能源利用效率，推进能源资源的梯级利用、循环利用、综合利用；同时，优化能源结构，优化乡镇在优先使用可再生能源的同时合理用能，从而推动农村能源革命的发展

（2）**多轮驱动，绿色供给：** 调整能源供应结构的主要方向是发展清洁低碳能源，以生物质能、风能、太阳能等分布式开发利用为主，推动实现就地生产、就地消费；因地制宜地选择合理的技术路线，推动农村非化石能源实现发展

（3）**统筹智慧，确保安全：** 加快推进农村"互联网+"智慧能源建设，促进能源与信息技术的深度融合；实现多种能源形态横向协同转化，探索能源领域众创、众包、众扶、众筹

（4）**政府推动，市场调节：** 加强政府相关部门机制体制创新，发挥其主要引导和推动作用；遵循市场规律、能源行业发展规律，充分发挥市场调节能力，激发市场主体参与农村能源革命的积极性

（5）**能源引领，协调推进：** 以能源革命引领经济社会发展新常态，在农村农业现代化和新型城镇化建设中，加强能源规划与经济社会发展规划相协调；坚持以清洁低碳能源满足城镇化建设的能源增量需求

（6）**惠民利民，共享发展：** 强化能源基础设施和公共服务能力建设，提升农业现代化和新型城镇化建设支撑能力；提高能源普遍服务水平，降低社会综合用能成本，坚持农村能源现代化发展和脱贫攻坚的有机结合

附图 2　兰考县农村能源革命示范区建设的基本原则

6. 示范区建设的主要目标

根据兰考县经济社会发展需要，统筹各类专项规划和 2020 年达到全面小康的要求，本示范区规划期限定为 2017~2020 年。根据兰考县能源的现状和发展预测，参考兰考县"十三五"规划、新农村规划等，到 2020 年，全面展开农村能源革命体系，初步实现"四个革命"的目标。

目标一：完成区域能源互联网的建设，建立一个能源交易和投融资平台，在全县范围内实现县、乡、村三级能源管理和数据共享系统。

目标二：能源结构实现根本性转变，实现可再生能源替代率达到 70%以上，节约标准煤约 100 万吨，减少二氧化碳排放约 260 万吨。

目标三：至 2020 年可再生能源开发目标为，生物天然气总产量 6 100万立方米，沼气发电总量 6 912 万千瓦时，有机肥 24.77 万吨；"光伏+"工程装机规划目标为 315 兆瓦；"风电+"工程装机规划目标为 1 200 兆瓦；

地热能热负荷规划目标为 520 兆瓦；建立 1 座垃圾焚烧电站；建立 12 个以分布式为主的多能互补能源系统；建设 13 个"零碳乡村（社区）"。

目标四：农村能源开发与生态建设和环境保护相协调，各乡镇生活垃圾回收和处理率达 100%；农作物秸秆得到合理利用，利用率达到 100%；散烧煤替代率达 50% 以上。

目标五：提高农村生活用能水平，在农村地区推广节能建筑、循环农业和推广公共交通等节能措施。

目标六：对农民增收和就业拉动发挥重要作用，实现全县乡镇居民增收，提高乡镇居民生活质量，增加农民就业机会，2020 年乡镇居民户均增收达到 3 000 元以上。

综上所述，兰考县将通过农村能源革命建立以分布式为主的多能互补能源系统；以"光伏+"为主体的富民工程；以"风电+"为主体的富民工程；以"地热+"为主体的富民工程；以"生物天然气+"为主体的富民惠农工程；以城乡垃圾无害化处理为主体的惠民工程；以清洁能源为主体的智慧交通和绿色出行工程；低碳美丽乡镇建设和"零碳乡村"示范工程。

永城市农村能源革命

1. 基本情况

1）社会形态

永城，河南省最东部的城市，是河南省重点建设的区域性中心城市，2015 年总人口 157 万。永城市地下矿藏丰富，优质煤储存面积达 621 平方千米，精查储量达 52.5 亿吨，年开采能力已达 1 200 万吨，是全国六大无烟煤基地之一，并有磁铁矿、高岭土、大理石等 17 种储量大、易开采、待开发的矿产资源。

2）经济形态

2013 年全年生产总值 4 024 390 万元，同比增长 9.1%，总量突破 400 亿元，再上新台阶。其中，第一产业增加值 600 090 万元，增长 4.5%；第二产业增加值 2 452 666 万元，增长 9.8%；第三产业增加值 971 634 万元，增长 9.7%。三次产业结构为 14.9∶60.9∶24.2。

3）能源形态

永城市一次能源消费品种主要为煤炭和天然气，其中煤炭消费占据主导地位；二次能源消费品种主要包括电力、热力和成品油。永城市加大天然气普及力度，城市居民天然气普及率大幅提升，但煤炭消费占主导地位的局面尚未改变，2015年，永城市能源消费总量为613.77万吨标准煤（等价），天然气消费比重占0.3%，石油消费比重占17.2%，煤炭消费比重超过80%，非化石能源消费尚未实现规模化发展。

2. 可再生能源现状

1）生物质能

2015年永城市秸秆、畜禽养殖业废弃物、林业废弃物和蔬菜垃圾等生物质资源总量为268.08万吨，可供应总量为186.84万吨，其中秸秆量106.47万吨、畜禽养殖业废弃物（干重）28.08万吨、林业废弃物42.00万吨、蔬菜垃圾10.29万吨。

2）太阳能

永城市位于河南省中东部，太阳能资源条件在河南省属于中等水平，且大部分为平原地区，太阳能资源区域差别较小。根据《太阳能资源评估方法》（QXT 89-2008），地区属于资源丰富区。

3）风能

永城市综合平均风速在5.6~5.7米/秒，平均风功密度在190瓦/米^{2}左右。风能资源具有一定的开发价值，适宜安装低风速风电机组。

4）地热能

永城市地热资源丰富，调研研究表明，该区地温梯度为1.3~4.3摄氏度/100米，平均为2.6摄氏度/100米，推测2 000米深度地热平均温度为52摄氏度，局部地区地热温度可达80摄氏度以上，可广泛应用于供暖、水产养殖、温泉洗浴等领域。

5）天然气

（1）基础设施现状：永城市2016年已建成并运营天然气储配站2座（日供气能为15万立方米），L-CNG综合加气站2个，在建天然气综合利用场站1座，城市门站1座；敷设中低压燃气管线360余千米，燃气管网已覆盖永城市东城区、西城区以及产业集聚区主要街道，并实现刘河镇、苗桥镇、芒山镇等乡镇气化。已建成投入使用的CNG/LNG加气站2个、

CNG 加气站 3 个，在建 LNG 加气站项目 2 个。该管道自西气东输二线豫东支线商丘末站接气，设计输气量 4.7 亿米^2/年，管道全长约 120 千米，可将西气东输二线天然气输送至永城。

（2）市场发展现状：截至 2016 年底，永城市共发展天然气居民用户 5 万余户，城市气化率达到 78%，公福用户 130 多家，工业用户 10 余家。2016 年永城市城市燃气用气量 1 500 万立方米，约占总用量的 90%，主要包括城市居民生活、工商业用户和燃气汽车用气；工业燃料用气量 170 万立方米，约占 10%，主要包括河南阳光饲料有限公司、河南华星粉业集团、河南鑫鼎食品有限公司、河南天硕环保建材科技有限公司等一些中小型企业用气。

3. 示范区建设的基本模式

1）生物质能

2015 年，永城市区共有生活垃圾 27.5 万吨，全部进行无毒化处理。预测 2020 年永城市生活垃圾资源总量 34.64 万吨，相应可获得量、可供应量为 31.17 万吨/年，2025 年总生活垃圾产量 40.70 万吨，相应可获得量、可供应量为 38.65 万吨/年。

2）太阳能

（1）光伏扶贫项目：建设村级小型光伏电站，在未利用土地、农业大棚或设施农业工程，建设 500 千瓦以下的小型光伏电站；利用贫困户屋顶或院落空闲地，安装 5 千瓦以下的户用分布式光伏发电系统；利用荒山、荒坡等未利用土地、设施农业空闲棚顶等建设集中式光伏电站。

（2）沉陷区治理光伏项目：结合采煤沉陷区综合治理、植被恢复等生态修复措施，提升拟建电站环保和经济效益。

（3）设施农业光伏项目：围绕 29 个乡镇、100 多个新农村试点，围绕粮油生产基地、养殖业、设施蔬菜产业、水产产业等四大产业，根据各乡镇农业现状及发展态势，因地制宜地发展光伏项目。

3）风能

2020 年永城市风电开发规模达到 500 兆瓦，2025 年达到 1 200 兆瓦，终期达到 2 000 兆瓦。目前永城市已有多家开发企业入驻开发风电，多个项目申请列入省重点工程。

4）地热能

建设以"地热+"为主体的富民工程。城区及集镇产业聚集区以供暖制冷为主，兼顾休闲、养生，整体规划，分步实施；集镇与农村社区以高效农业、旅游观光为主，兼顾供暖制冷，采用相对集中的开发模式改善民生、发展特色农业和旅游业。

5）天然气

"十三五"期间，主要结合在建的天然气门站，在永城市主城区北部布局完善燃气管网，总体形成一个供气系统，规划管道总长度约 50 千米。此外，由永城市区向周边主要乡镇布局天然气管道，长度超过 100 千米。

"十四五"期间，着力建设农村生物天然气管网的建设，进一步扩大农村乡镇生物天然气管网覆盖范围，新增农村配气管道 100 千米以上。

6）绿色乡镇建设工程

建设的绿色工程有：绿色乡镇能源示范项目、光伏+乡镇公共设施示范项目、农业种植养殖光伏示范项目、安装太阳能光伏组件用以发电、渔业光伏示范项目、乡村清洁项目、农村环境综合整治项目、防治畜禽养殖污染等一系列绿色象征建设工程，推动农牧结合发展方式示范。

7）区域能源互联网建设项目

区域能源互联网建设主要建设分布式能源网络项目、智能化能源局域网项目、智慧能源系统项目、分布式能源就近消纳交易平台项目、能源环境安全管控平台项目、供能用能创新创业支撑平台项目、供能用能便民服务平台建设项目等。

4. 示范区建设的主要目标

1）总体目标

2020 年，以"强村富农"为核心，初步构建以风电、光伏发电、生物质能、地热能、天然气等清洁能源为主的农村能源新体系，能源结构变化出现拐点，非化石能源和天然气占能源消费总量的比例达到 12%。

初步完成区域能源互联网建设，建立一个能源交易和投融资平台，在全市范围内实现市、乡、村三级能源管理和数据共享系统。初步成功探索农村能源管理体制机制和适宜政策；建设分布式能源，农民家庭因此受益，实现精准脱贫，在全省率先实现全面建成小康社会奋斗目标。

2025 年，永城市全面建成农村能源革命示范区，建成以风电、光伏发电、生物质能、地热能、天然气等清洁能源为主较为完善的农村能源新体系，农村能源管理制度更加完善。能源与信息技术深度融合，能源结构实现明显转变，绿色能源消费和绿色出行深入人心，城乡一体的建筑领域节能效果突出，拥有优美环境和高品质生活的绿色乡镇发展模式在全省全国获得推广。实现永城市经济发展与生态文明建设的协调发展，开创富裕永城、文明永城、和谐永城、美丽永城的新局面。

2）具体目标

（1）能源消费总量和消费结构：2020 年、2025 年永城市能源消费总量（含煤化工）控制在 678 万吨标准煤和 748 万吨标准煤，较 2015 年分别增加 64 万吨标准煤和 134 万吨标准煤。2020 年、2025 年煤炭占能源消费总量的比例分别为 74.2%和 60.9%，较 2015 年分别下降 13.8%和 27.1%，石油占比分别为 13.9%和 14.7%，较 2015 年的 11.7%略有增长。非化石能源占比分别为 12.0%和 23.0%，与 2015 年基本无非化石能源相比，实现较大幅度增长。

（2）非化石能源替代目标：2020 年永城市非化石能源替代化石能源 81 万吨标准煤，永城市农村散煤消费可全部实现替代，电力消费可全部由非化石能源发电提供，天然气及液化石油气消费可全部由生物天然气或沼气替代。2025 年永城市非化石能源替代化石能源 172 万吨标准煤，除满足永城市农村清洁能源需求外，非化石能源发电及制气还可大规模反补城镇，实现永城市煤炭能源消费降至 60%的革命性目标。